# うつる人びと

## 映像で語るカレン難民の少年との日々

直井　里子

晃洋書房

# プロローグ

バンコクから北北西へおよそ４３０㎞に位置する国境の街、ターク県ターソーンヤーン郡メーソット。この街には、タイとビルマ（ミャンマー、以下、ビルマ）の国境を成すサルウィン川の支流モエイ川が流れる。インドシナ半島を横断する「東西経済回廊」（アジア・ハイウェイ）の要衝であり、国境貿易の一拠点として、物流越境が盛んに行われてきた。

メーソットから国道１０５号線を北へ57㎞、50分程の岩山の傾斜面に差し掛かったところで、茅葺屋根と竹の柱でできた高床式の家が隙間なく密集している集落が忽然と現れる。１９８４年に設置され、アジアで最古といわれているメーラ難民キャンプである。

本書でとりあげるドキュメンタリー映画『OUR LIFE』の制作は、このメーラ難民キャンプでの（のちに主人公となる）14歳のダラツゥ少年との出会いからはじまった。『OUR LIFE』という映画のタイトルは、ダラツゥが学校の友人たちとギターを弾きながら歌う詞から付けたものである。

『OUR LIFE』
どうして　僕らの人生は　苦しいことばかりなの？
貧しいし　問題だらけ　辛いことばかりだよ
でも　楽しいことも　たまにあるんだ
でも時にはあまりに苦しくて　やめたくなるんだ

世の中には　色んな人がいる
僕のことを　愛してくれる人がいる　でも僕のことを憎む人もいる
この世では　他人のケナシから逃れられないよ

難民キャンプで生まれ育ったダラツゥとの出会いにより、私はそれまで抱いていた「難民」という固定概念を崩された。彼／女らには、一人ひとり名前があり、それぞれの生がある。難民キャンプでダラツゥはいまどのような思いを抱きながら、どのような日常生活を営んでいるのだろう。私は、ダラツゥと彼の家族にドキュメンタリー映画の主人公としての出演を依頼した。

こうして、２００８年、私の難民キャンプでの撮影がはじまった。ダラツゥとその家族の日常に焦点をあてながら、内戦下の難民キャンプに生まれ育ち、紛争や市場経済の流入に翻弄されながらも、自らの力で将来を切り開いて生きていこうとするダラツゥの生きざまを描くことを試みた[1]。それは、「撮る者」である私が、「撮られる者」であるダラツゥと関係性を構築し、ダラツゥの日常を捉えることで、「難民」というラベルをはずし、ダラツゥの「人間」としての「生のありよう」を捉える試みでもあった。

本書では、タイ・ビルマ国境に暮らすカレン難民に関する筆者が制作したドキュメンタリー作品『OUR LIFE』の自己再帰的分析を通して、作品の対象になった難民の生きざまを「日常・越境・故郷」という視座から捉えることを試みる。カレン難民にとって、「難民キャンプに生きるとは、どのような経験なのか」「第三国への移動と定住は、難民の日常生活や社会関係に、どのような影響をあたえるのか」「難民たちにとっての故郷とは何か」を核心的問いとし、この問いに対する答えを導出することを試みる。

とくに、タイ・ビルマ国境の難民キャンプで生まれ育ち、祖国ビルマを知らない若い世代の難民たちの生のありように関心を向け、カレン難民として生まれた若者が、難民キャンプ（タイ）から第三国定住地（アメリカ）へと移動していく過程を追う。また、スマートフォンによるSNSの活用などソーシャルメディアの影響に着目し、難民たちがどのようにコミュニティ（ネットワーク）を形成し生活しているのか、難民の受け入れ地である第三国定住地であるアメリカにおける彼らの日常生活とつながりのあり様を考察する。

第三国定住地での生活を選んだ人びとは、どのような思いをもって移住を決意したのか。その結果、第三国定住地へと渡ったあと、それまでの日常生活をどのように維持し、あるいは変容させていくのか。

さらに、カレン難民たちのカレン州（カイン州、以下、カレン州と表記）への帰還をめぐる越境の動態（現況）を通して、難民たちの「故郷」認識を明らかにすることを試みる。

これは、単なる自作品の解題ではなく、映像視覚・聴覚的印象と文字による詳細な分析を併せることで、難民という事象の複眼的な理解へつなげようとするものであり、これまで「難民」というフィルターを通して見ていた人びとの従来像からの脱却の試みでもある。

なお、本書における考察は、作品の分析が主であり、その対象は、映画に登場する人びとであるが、撮影対象以外の筆者がフィールドで出会った難民や難民支援に携わる関係者などの語りを通した考察も一部含まれる。

本書はまた、映像を用いた難民研究の可能性と限界を問いながら、難民をめぐる現実表象の問題一般への還元可能性を提示する。こうした自作品への自己再帰的考察を通して、「難民を撮るとはどういうことか」という筆者自身の問いを、読者に対しても投げかけ、ともにその答えを探ってゆきたい。

## 本書の構成

本書は、5つの章および、プロローグとエピローグからなる。

プロローグでは、本書のねらいと視座、調査手法、構成を述べる。

序章では、本書におけるドキュメンタリー映画制作に対する視点を述べる。難民表象に関する先行研究を概観し、難民が従来どのように（捉えられ）表象されてきたかを考察する。そして、難民表象の問題の所在を論じる。筆者が提唱する〝共振のドキュメンタリー〟の手法、および本書における「映像と文章」両面からのアプローチについて述べる。

第1章〜第3章では、筆者が制作した、難民の日常と越境に関するドキュメンタリー映画『OUR LIFE』の撮影対象（主人公）である、カレン難民の少年〝ダラツゥ〟を中心に、彼を取り巻く人びととの関係を述べつつ、映画の制作過程に合わせた長期的・通時的な参与観察の過程を追う。

第1章では、『OUR LIFE　第一章：僕らの難民キャンプの日々（2024年版）』（撮影期間2008〜2013年）のメーラ難民キャンプに居住する難民の日常生活における〈場と語り〉を分析し、難民キャンプで生まれ育ち、母国を知らない若い世代の難民たちが、どのような日常生活を送りながら、自らの生をどのように受け止めているのか、アイデンティティ（帰属意識）の形成に焦点をあてながら、難民キャンプで生きるということはどういうことなのか考える。

第2章では、『OUR LIFE　第二章：夢の終わり』（撮影期間2014〜2017年）で描かれた、難民の日常生活の変容とカレン難民の新たな社会編成を、第三国定住地におけるネットワーク形成の事例から考察する。そして、第三国定住受入れ国アメリカでの生活のなかで、難民が自らのアイデンティティに折り合いをつけて周囲との関係性を新たに形成してゆく過程と、離れ離れになった家族のつながりの変化について、作品場面を分析しながら考察する。

第3章では、『OUR LIFE　エピローグ：故郷』（撮影期間2018〜2024年）の内容にもとづいて、カレン難民たちのビルマ本国カレン州への帰還をめぐる越境について考える。タイ・ビルマ両国政府によって進められている帰還事業にはどのような課題があるのか、30年以上をキャンプで生活し続けた第一世代の難民と、キャンプで生まれ育った新世代の難民の故郷認識にはどのような相違があるのか、作品場面を分析しながら考察する。ここでは、軍事政権下においてなおビルマ国内で活動を続ける国際ＮＧＯ（Non-Governmental Organization＝非政府組織の略称、以下、ＮＧＯ）の活動内容を事例に、帰還民支援に関する現状および今後の展望も述べる。

第4章は、ドキュメンタリー作品の上映を用いた難民理解の可能性に関する記述である。登場人物や同様の境遇にある人びと、関係者・支援者らが、これら映画をどのように理解し、受容するのかを、映画上映会の「場」の分析を通して考察する。具体的には、映画の上映をめぐる、「撮る者」と「観る者」の視点の交差に関する考察を行う。研究（撮影）対象となった人びとへの作品上映を通し、他者（撮影者も他者である）が映した難民のイメージを難民自身がどのように捉えるか、という視点を研究に取り込むことで、分析に厚みを加え、地域研究の手段としての映像の有効性・可能性、およびそれが含む問題点を示す。

終章では、難民の「日常と越境」を映像はどのように捉えたのか、ドキュメンタリー映画制作を伴う考察を通して明らかになったことをまとめ、難民研究における映像表現の可能性を提示する。難民の個（ダラッゥ）の日常を見ることは、カレン難民の難民キャンプと移動先のコミュニティのつながり（連続性）を捉えることに他ならず、またそうして捉えられたものは、難民の生のありようを知ることにつながることを示す。そして、映像の内容（越境をめぐる難民の生きざま）への理解を深める上での、映像ドキュメンタリーによる考察の有効性を示す。

最後に、上映を通して対話する「場」において「撮る者」と「撮られる者」と「観る者」の視点を重ね合わせれば、これまでメディア表象が創りだしてきた難民のイメージを崩し、新たなイメージとして再創出することができることを提示する。

終章の後には、タイ・ビルマ国境における難民キャンプにおいて、日本で唯一、難民支援活動にとりくむ現地の国際ＮＧＯ職員との対談を収録した。ここでは、難民をとらえる視点に関して考える。難民支援に長期的に携わる職員の視点から、難民の越境をともなう日常の変容と帰還地におけるコミュニティ形成がどのように行われているのか、その過程と今後の展開を追う。

エピローグでは、新型コロナ感染症パンデミック下における作品編集作業と本書執筆過程を通して変化した筆者自身の難民を捉える視点に関する自己再帰的考察を行う。

付録として、映画の全シナリオを掲載している。これは本文中に引用した映画場面構成、会話分析がどのような文脈のなかにあるのかを、関心のある読者により深く理解していただくためのものである。

さらに本書では、文字のみでは困難な表情、風景や相貌の変化、声色（音）などを捉えることで、カレン難民についてより深い理解を促すため、筆者の前著『病縁の映像地域研究』（京都大学学術出版会、２０１９年）と同様にＱＲコード（二次元バーコード）を付して、筆者の制作したドキュメンタリー作品の動画を一部抜粋し、スマートフォンなどで視聴しながら本文を読み進めていただくことを想定している。なお、第三章『エピローグ』は短編のため、第二章『夢の終わり』に統合している。

これにより、読者は、文章の記述のみでは表現することは困難な、日常におけるカレン難民の身体的相互行為や空間配置をより詳細に知ることができる。また、筆者が、主人公たちとタイ・ビルマ国境の難民キャンプで出会い、主人公をめぐる関係性の一員となり、ドキュメンタリー制作をとおして旧来の価値観を崩されながらも得られた経験を、読者は、映像と文章の往還を通して追体験することができる。

本書が、難民をめぐる対話を生み出すことへとつながれば幸いである。

**注**

（1）撮影するまでの過程は本書撮影日誌①参照。また、本章を含め、本書の一部は、「映像平和学への挑戦――カレン難民の越境と共生を考える――」金敬黙（編著）『越境する平和学――アジアにおける共生と和解――』（第8章分担執筆）［直井 2019a］の第1節「カレン難民の越境をめぐる関係性を撮る」を基に書いたものである。メーラ難民キャンプでドキュメンタリー制作をはじめるまでの過程に関しては、上記に詳細を述べているので、併読して頂きたい。

# 目次

序　章

# 難民に付与されてきた「イメージ」

## 1　難民はどのように表象されてきたか

2023年末時点で、人種、宗教、国籍、政治的意見を理由に迫害を受け（あるいは、迫害をされるおそれがあり）、国を追われ逃れた難民は、約3760万人いる。難民以外にも、国境を越えることができずに移動しながら逃れている国内避難民を加えると、難民・避難民の総数は1億人を超える（国内避難民が6830万人、庇護希望者が580万人である）［UNHCR 2024］。今も多くの人びとが、祖国を離れた異国の地で暮らし続ける。

これまで、難民の学術研究においては、難民発生の力学やメカニズムを明らかにした量的研究や、エスノグラフィのアプローチによる難民の生活世界や移動と定住に関する考察と分析による質的研究などを通して、さまざまな議論が行われてきた。ビルマ難民に関しては、ビルマ国内から難民キャンプへの移動とその政治的背景の考察［South 2008］や難民キャンプから第三国定住した難民のコミュニティ形成や日常生活の変容［Gilhooly and Lee 2017. 久保 2014a］、また、キャンプでの難民経験へのトラウマに関する研究により、彼らの経験が、移住後の彼らの生活にどのように影響しているか、世代別に医療心理的視点からの研究［Shannon et al. 2015］などが行われてきた(1)。

これらの先行研究において明らかにされてきたように、地域によってそれぞれの背景や意味づけによる難民の移動が行われており、要因はそれぞれ異なる。

難民一人ひとりの経験も複雑で、その時々の社会状況によっても異なるので、全難民に共通する普遍的な体験などはなく、そこから難民の移動と定住の動態を一般化し説明することは困難である。そのため、理論的な結論を見出すには、さまざまな視点からのアプローチからの考察が不可欠である(2)。

また、通常の「安定した」社会とは異なり、難民キャンプのコミュニティでは驚くべき速度で構成員や世代が入れ替わり、それに応じて人間関係も刻々と変容する。そのため、難民の家族間、難民同士間、難民以外の人びととの間、世代間の重層的な関係性を短期間の共時的調査（撮影）で捉える（撮る）ことは難しい。

そこで本書では、これまでの難民に関する人類学的な先行研究を踏まえつつ、難民をめぐる重層的な関係性が、日常的実践から立ち上がる様態を、長期にわたった映像アプローチにより明らかにすることを試みる。

映像は、身体的相互作用や空間配置など、日常的な関係の変化を理解する上で重要な点を映像で捉えることができるため、人間関係の多様さや人間の表情の変化を捉えることで、文章では表現できない地域の複雑な側面を明らかにする可能性がある。また、地域における人と人との関係性、人と自然、モノとの関係性を、あいだ（時間、空間、音間）から捉えることで、調査対象者や撮影地域の長期的な意味での変化などの発見を可能とする。さらに、映像の特徴として、映像を観る人にも、同じように映像的に、（つまり視覚的・聴覚的に出来事を感じ）発見するという経験を提示できるという点があげられる。そのため、難民の越境をめぐる個に焦点をあてたライフコースをめぐる参与観察の分析において、映像によるアプローチは有効である［直井 2019b］(3)。

一方で映像は、撮る者の視点関与（恣意的な選択）が不可避的に生じるものであり、観る者がさまざまな視点(4)によって意味づけするものでもある(5)。撮る者がいつ、どこで、どのような視点と立ち位置で、そして、撮られる者といかなる関係性を形成するかによって、作品の内容は変化する。また、誰に向けて、何の目的（どんな方向性＝視野）で映像を発信するかによっても内容は変化する［直井 2019b］。

マス・メディアにおける難民表象は、紛争下における難民の過酷な現状に関するもの、もしくは難民の受け入れや入管に関するものを典型として、一時的に現れては消え、視聴者に消費され続けてきた傾向があり、難民の生の実態を伝えるメディアは数少ない。

難民は、「紛争や災害で祖国を追われ、貧困にあえぐ人々」という従来のイメージを（外部の価値観に沿って）反映させる方向に描写されてきた。その一方で、異国へ「違法」入国する「難民」や「亡命者」の集団としても描かれてきた[6]。

報道ニュースが、緊急性を伴う難民問題をクローズアップすることで、人びとの難民への関心を喚起し、問題解決に向けた議論を生み出す可能性は確かにある。しかし、そこでは一様には語れない難民の複雑な背景（経験）と、一人ひとりの日常生活における「生のありよう」を理解することは難しい。難民の悲惨さや絶望感を強調し、彼らの人生を物語化して描くことで、かえって難民を「観る者」とは遠い存在にしてしまう可能性もある。しかしながら、これまで「難民」は、主にテレビ報道ニュースの映像により、政治的な犠牲者である脆弱な救済の対象として描かれる傾向があった［直井 2019a］。

学術研究における難民表象に関する議論は、主に文化人類学や社会学などで行われてきた［Malkki 1996：ミンハ 2014, 2016：日影 2016：Stuart 2019］。このうちMalkkiは、主流のメディアが難民を、未分化の大衆「犠牲者」として表現する傾向があり、無実と無力の象徴としての子どもが描写されてきたことを指摘している。そして、裸足で、ぼろぼろの服を身に着けた無力な子どもは、声なき民として、典型的な難民のイメージが形成され、援助団体などが募金目的に使用するポスター写真などによっても、そのイメージは、助長されてきたと述べている［Malkki 1996：389-390］。

Malkkiが述べるように、「難民」に関する映像（表象）の多くは、救済を求める政治的な「犠牲者」や「亡命者」などの集団として存在として描かれてきた傾向がある。ステレオタイプ化された救済型の難民表象からは、難民たちの声は掻き消され、難民たちの主体性は見えてこない。「かわいそうな」難民たちへの同情は、あくまでも「他者」として存在し、難民たちの生は、観る者の日常から切り離されている[7]。

日影尚之は、人道的キャンペーンにおいて使われるイメージ(像)の危険性について以下のように述べている。

> いわゆる難民のためのキャンペーンでは、難民の姿(イメージ)は国際的危機の象徴として使われ、そこでの難民は恐怖におののく無力な存在でなければならず、国家秩序・体制の外部に位置づけられる特別な存在(他者)である。典型的なアイコンは幼な子を抱く母親(聖母マリア)の姿であり、それは子どもを育てる、縫い物をする、食事をつくる「家庭的」な女性および何も知らない無垢な子どものイメージである。そこには難民問題(難民の人権)を政治から切り離し、ヒューマニズムに還元してしまう危険が伴う。[日影 2016：44]

子どもや女性の表象は、「同情」を得やすく、観る者の心へ訴える力をもつ。しかし、そのような犠牲者としての表象は、ロマン主義の植民地支配的な視点につながり、武力仲介を正当化する要因にもなりかねない。映画作家の佐藤真は、異文化を見つめる〈北〉の眼差しに潜む権力構造は、「無意識の権力構造」[佐藤 2001b：254]であるということを指摘し、無意識が差別と偏見を助長する危険性を示唆した。佐藤の思想は、ナチス(ドイツ)やイギリスにおいて、戦前・戦中に制作されたプロパガンダ映画への批判に通じるものである。正義の名の下で制作される映像描写は、監督の意図をも超えて政治的プロパガンダへと利用されることが少なくない[8]。ナチス政権下のドイツからアメリカへ亡命したユダヤ人である哲学者・思想家のハンナ・アーレントは、戦争や貧困に生きる人びとを表象する際に、人間の苦しみをスペクタクルに変えることを避けなければならないと述べている。そして、他者の苦悩への「同情」や「共感」が、リアリティから遠ざけ、他者を「現れない」状態にさせてしまうことを危惧している[アーレント 1994][9]。

メディアの映像を介して難民を「見る」「イメージする」ことと、難民の存在を「認識する(承認する)」ことは、異なる。観る者と難民との間に「同情」を超えた関係性が形成され、観る者が、個々の難民を一人の人間として認識し、自己とのつながりを見出すことがない限り、難民が、具体的にリアリティをもって観る者の前に「現われる」ことはないだろう。

　では、難民表象をめぐる「無意識の権力構造」に対して、「撮る者」はどのように向き合えばよいのだろうか。ベトナム戦争中、アメリカへ渡った映像作家・批評家であるトリン・T・ミンハは、Renov, M.（ed.）の *Theorizing Documentary*［1993］における論考で、映像制作と映像理論とを互いに絡み合わせた実践を通して、自らの世界の捉え方を変えていくことの重要性を述べている［Minh-Ha 1993］。

　ミンハは、著作『ここのなかの何処かへ――移住・難民・境界的出来事』［2014］にて、自らの映像表現を自己再帰的に分析し、「内なる他者」との対話を通した考察を行っている。ミンハは、そこで、移動という状態が、日常的な「現実」をつくりだしていることを、自身の経験から語っている。そして、「ホーム」とは、故郷から離れて住む「私を包んでいるこの身体」という場であり、それは、目（たとえば、土地の明るさ）、舌（水の味）、鼻（周囲の匂い）以上に、耳（自分を取りまく音や沈黙）により感じとられることの方が多いと述べている。同時に、アフリカにおける撮影の際に、撮影対象者の沈黙の中に自身の「故郷」を見出していたとも述べている［ミンハ 2014：37-38］[10]。「撮る者」が、「撮られる者」である「越境者」と向き合いながら、自身の五感で、そうしたミンハが語る難民の「ホーム」を、「音」や「沈黙」の中にいかに捉えるか。目に見えないものが、映像を通して、どのように捉えられるかが、難民を撮る際に重要な要素となる。

　ミンハのそのような視点から制作された作品の一つとして、自身の祖国をとりあげた自作『姓はヴェト、名はナム』（原題：*Surname Viet Given Name Nam*）［1989］があげられるであろう。映画の前半では、アメリカに定住したベトナム難民へのインタビューを通し、キャンプでの経験が語られる。しかし、後半では、それが演出（再現インタビュー）によって行われたことであったという実験映画的な手法が取られている。これは、インタビューにおける

「語り」の「真実さ」や政治性（声を与えようとする権力）からの脱構築というミンハの試みであった［ミンハ 2016］。こうしたミンハの演出によって「新しく語らせる」試みは、イデオロギーに都合よく映像を利用されることを回避し、「語るもの」が主体として立ち現れるための戦略でもあった［ミンハ 1989：308-309］(11)。ミンハの難民へのアプローチ手法は、難民を撮るとは何か、という問いへの足掛かりとなる。

難民自身により制作された作品には、リトアニア出身のジョナス・メカスにより制作されたドキュメンタリー映画『リトアニアへの旅の追憶』（原題：*Reminiscences of a Journey to Lithuania*）（１９７２）とハサン・ファジリの『ミッドナイト・トラベラー』（原題：*Midnight Travelers*）（２０１９）などもある。

『リトアニアへの旅の追憶』は、22年間という長い時間をかけて、メカスが撮影・編集を自身で行ったものであり、難民自身であるメカスが、長期にわたり、故郷——アメリカへの越境（旅）をめぐり故郷と自分自身との関係性とその変容を考察しながら、「時間の熟成作用」を通して制作された映画である［佐藤 2001a：294］。映像には、メカスが、自身で撮影した映像を自身のウチにある「他者」の眼差しで見つめることにより、新たな認識を通した「発見」が溢れている。撮った時の自分と編集時の自己の記憶と向き合いながら制作された作品には、難民になることで失われた大切な時空間が映し出されている。

『ミッドナイト・トラベラー』（２０１９年）は、小型化し進化したメディアツールを駆使して難民自身によって制作されたドキュメンタリー映画作品である。映画には、映画作家夫婦と2人の娘たちにより撮影された逃亡生活における日常が、3台のスマートフォンを駆使して丁寧に描かれている。それらに映し出されているのは、目に見える暴力（戦争）ではなく、難民として生きる一人ひとりの「経験」である。ハサン一家は、故郷を追われ、タジキスタン、トルコ、ブルガリアの国境を命がけで越境し、保護を求めてヨーロッパへと逃亡するが、求めていた難民保護を受けられない。ひっそりと身を隠し、助けを待ち続けながらも、家族たちは、日々の退屈な日常（非日常）を意味あるものにしようと、前向きに生きていく。時には、家族の会話には冗談なども含まれ笑顔も描き出されている。

一見、どこにでもいそうな家族像とハサン家族の姿が重なり、戦火の中を逃げまとうシーンよりもリアルに、「難民として生きる」ということはどういうことなのか、という問いを観る者に突き付ける。そして、本作には、ハサン監督自身が「撮る」という行為を自省しながら、撮影を継続していく監督自身の行為が写されることで、作品制作（撮る行為）と日常（撮られる行為）との監督自身のこころの葛藤も描かれている。

撮影者が自身の撮影した映像を自ら編集するということは、「〈見つめる・見つめ返される〉関係」の自省［佐藤 2001b：303：ミンハ 1996］でもある。つまり、映像に反映された自身の視点を自ら客観的に分析しながら、自分のウチにある「他者」を見つめて直していく作業である［直井 2019b］。

そこで、本書でとりあげる作品『OUR LIFE』は、作品をモードやカテゴリーにあてはめることなく、映像作品の現実は、制作過程において変容するものと捉え、一定の地域における長期の撮影を通した作品制作を試みる。そして、本書では、映画制作者自身が作品を分析しながら、自らの視点を自己再帰的に考察しながら批判的に見つめなおしていく。

具体的には、撮る者の「視点」が、撮影場所と時期（時空間）を撮られる者とともに越境しながら「関係性」を形成していくことで、変容していく様態を「撮る者」自身が内省的に観察する。

## 2　共振のドキュメンタリー制作を通した難民のライフコースの参与観察

〝共振のドキュメンタリー〟とは、特定の地域で長期にわたって撮影を実施し、「撮影対象者」と「撮影者」と「観る者」の共振する過程の中で創り出されるドキュメンタリーのことをいう［直井 2019b］。これまで映像人類学など、映像を用いた学術研究で用いられてきた調査対象者との〝協働〟による調査手法を取りながら研究を進めるスタイル［MacDougall 1997, 2005：2005, 川瀬 2015］を用いつつ、特定の地域で長期にわたって撮影を実施し、「撮影対象者」と「撮影者」と「観る者」が相互に感応することによって創り出されるドキュメンタリーのことをいい、撮る者自身の視点や、撮影対象者との関係性の生成変化を分析し、さらにそれを記述することを重視するものである。

筆者はこれまでにも、地域研究とメディア研究を織り交ぜた学術的視点から自らの視点を自己再帰的に考察し、その撮影・編集・上映プロセスに現れる〝共振〟を通して対象（人物、地域）への理解を深めることを試みてきた。具体的には、２０００年よりタイに暮らすＨＩＶ陽性者のドキュメンタリー映画制作を行ってきたが[12]、その際、調査地域に長期間に渡り滞在しながら、制作過程に自分も参与し、ドキュメンタリー映像を自己再帰的に観察する手法を取り入れてきた。そして、自らの視点の変容を観察しながら、映像による地域における人間関係や文化・自然の変容など、多様な現実とその相関関係を捉えるアプローチ（映像地域研究）から、ドキュメンタリー制作過程において経験した身体感覚の共振を、映像と文章を通してリアルに読者にも伝える試みを行ってきた。

本考察においても、筆者がこれまでの制作過程で用いてきた〝共振のドキュメンタリー〟という概念を提示する。『OUR LIFE』の制作には、これまで15年間の月日を費やした（２０２4年現在も撮影を継続中である）。この共振を通し制作することで、これまで文章のみでは困難であった難民コミュニティにおける重層的な関係性が日常的実践や時空間から立ち上がる様態を、映像により明らかにすることを試みたものである。

本書は、この作品をもとにドキュメンタリー映画作家であると同時に地域研究のフィールド調査者でもある筆者が、作品を撮影した過程と、そこから生じた理解を自己再帰的に考察し、難民の日常と越境の実態への理解を深め、それを映像でとらえた自らの視点と過程（映像制作におけるプロセス）とその相互作用から生じた理解を、文章に記述するものである。

具体的には、難民一人ひとりの「個」の複雑な日常の生活経験とその背景にある流動的な社会変動との相互関係に焦点をあてながら、映像アプローチにより難民の日常と越境をめぐる社会関係を長期的・通時的に考察する。そして、撮影者と撮影対象者の関係性がどのように形成され、映像制作者自身が自らの視点をどのように変容させながら制作したのか、制作のプロセスを自己内省的に分析し、作品がどのように構成されたのか（制作されたのか）を考察し、そこに何が描かれているかを明らかにすることで、難民への理解を深める。

ドキュメンタリー制作においては、映像制作者が特定の地域に長期間にわたりカメラを持ち込むことで自らの視点を変容させ、「難民の経験」を含めた現実に変化をもたらす。そうした制作過程における難民を撮る者（＝筆者）が自分自身の視点関与とその通時的変化について考察し、他者（難民）表象の問題一般への還元可能性を提示することを試みる。

長期にわたるドキュメンタリー制作およびこの視点の分析を通して、「難民キャンプと、第三国定住地と、故地とのつながり、人間関係の通時的変容の過程を考察し、その経緯を記した文章と併せることで、難民の「越境をめぐる動態」を立体的に浮かび上がらせることを試みる。

以上、本書では、映像制作を通した難民とそれを取り巻く人びと、コミュニティがいかに変化していくのかという難民の相互性、経時的な変容性の考察を行う。

本調査で用いたデータは、タイ（2000年2月、2001年4月〜2002年3月、2008年3月〜2009年11月、2011年10〜12月、2012年11月、2013年12月、2014年9月、2015年11月、2016年8月、2017年11月、2018年3月、2024年2月）、ビルマ（2013年11月、2015年11月、2018年3月）、アメリカ（2015年4〜5月、2017年2〜3月）、日本（2018年10月、2020年6月、2021年10月、2022年7月）で実施したフィールド調査と、2022年1〜9月にかけて実施したオンラインによるインタビュー調査に基づく。また、現地の大学や図書館、国際協力機関および国際支援活動団体などから、統計資料を収集した。

以下、本論に入る前に、本書で論じるドキュメンタリー作品の内容を紹介する。

## 3 『OUR LIFE』第一章〜エピローグについて

主人公のカレン難民のダラツゥ（14歳）は、7人きょうだいの末っ子として、メーラ難民キャンプで生まれ育った。閉ざされた厳しい環境のなかでの生活だが、兵士になる夢を抱きながら家族や友人たちと日々を穏やかに過ごしている。

しかし、第三国定住制度の導入や市場経済の流入により、難民キャンプに人とモノと情報が一気に入りこむことで、難民キャンプの日常空間が変容していく。キャンプ内には、インターネットカフェや映画館なども建てられ、難民たちは主体的に外部からの情報をえるようになっていった。そして、難民キャンプの外の世界へと意識がむかうようになった。そうした中、ダラツゥの兄や学校の友人たちは次々に第三国定住地のアメリカへと旅立っていった。頑なに難民キャンプに残って、カレンのために闘うと言い続けてきたダラツゥにも心境の変化が現れ、自分の将来を悩み始める。

2010年11月、ビルマでは総選挙が行われ、翌年2011年の3月に、民政移管が行われ、難民キャンプをとりまく政治経済状況も大きく変化し始めた。アメリカ政府は、第三国定住の集団募集を2013年で終了し、タイ政府は、難民キャンプを2020年までに閉鎖する方針を打ち出した。第三国定住か帰還か、選択を強いられたダラツゥは決断を迫られていた。

2013年末、ダラツゥは、難民キャンプを離れる決心をし、第三国定住先のアメリカへと旅立っていった。しかし、アメリカでの生活は、難民キャンプで思い描いていたものとはかけ離れたものだった。家と職場との往復中心の生活は、肉体的にも精神的にも過酷な日々であった。

アメリカで教育を受け、将来はカレンのために働きたいという「夢」を打ち砕かれたダラツゥは、自分の将来にどのような希望を見出していけるだろうか。そして、子どもたちが第三国に定住した後、難民キャンプに残されたダラツゥの両親は、この先、どのように日常生活を営んでいくのか。

本作では、ダラツゥの越境と定住をめぐる日常生活を15年間にわたり追い、難民キャンプで生まれ育った少年とその家族の生きる姿、そして第三国定住地で新たな生活をはじめた難民の生きざまを描く。そして、難民キャンプで、母国を知らない若い世代の難民たちは、どのように人びととの関係性を築いているのか。また、第三国定住後、自身と定住地社会との間で自らのアイデンティティが揺れ動く中、定住地でどのような関係性（つながり）を形成しているのか。難民にとっての難民キャンプとはどのような存在なのか、第三国への移動と定住や帰還とはどういう経験なのか、を問いたい。

この問いに答えるために、個と家族の変容の中にキャンプの変容を、さらにキャンプの変容の中に社会の変容を参与観察しながら、個の変容が何に根付づいているのか、社会（集団）がどのように変化していきカレン難民がキャンプや第三国定住地において、どのように関係性を築きながら生きていくのか考察する。

具体的には、第一章「僕らの難民キャンプの日々」では、2000年代後半のダラツゥの小学〜中学時代までの日常生活を描く。将来、カレン兵士になりカレンのために闘いたいと言っていたダラツゥが中学に入る直前、アメリカ兵士になりたいと言い出す。そして次第に、キャンプに押し寄せる市場経済の波に翻弄されるようになっていく。

2010年代に入り、ビルマの民主化が進む中、難民キャンプの閉鎖や本国帰還のうわさがたち始め、アメリカがビルマ難民の第三国定住制度を終了する情報がキャンプの中にも入りはじめる。そのような状況下、第三国定住か帰還か、選択を強いられたダラツゥの揺れ動く心情を描く。

第二章「夢の終わり」では、キャンプを離れ、アメリカで暮らし始めたダラツゥの20代における日常を描く。2013年12月、第三国定住を決意し、夢をかなえるために、アメリカへ渡ったダラツゥは、インディアナ州インディアナポリスでの生活をはじめるが、生活に馴染めずに、兄と姉の家族が暮らすサウスダコタへ再移住することを決める。サウスダコタにおけるダラツゥの日常生活を描きながら、難民キャンプで生まれ育ったダラツゥが、第三国定住地でどのような社会関係を形成し、自分たちの「生」をどのように受け止めているのか、自身と定住地社会との間で、自らのアイデンティティにどのように折り合いをつけて、関係性を形成しているのか考察する。

エピローグ「故郷」では、難民キャンプにとり残されたダラツゥの両親は、どのように生活を営んでいくのかを描きながら、カレン難民にとっての「故郷」とは一体どういったものなのかを考える。

以上、本作では、民族意識やビルマ軍事政権への憎悪と抵抗の気持ちを超えた普遍的な「今」を生きるカレン難民の少年とその家族の日常を通し、難民の生のありようを描く。

調査（撮影）は、タイ北西部に位置し、カレンを主とする約3万人の難民が暮らしているメーラ難民キャンプと第三国定住先であるアメリカ・インディアナ州とサウスダコタ州を中心に行った。

主な調査対象者は、筆者が２００８年から、定期的に撮影を続けてきたメーラキャンプで生まれ育ち、第三国に定住した少年ダラツゥ（調査開始当時14歳～２０２４年現在30歳）とその家族（両親ときょうだい6人とその両親や親戚）である。移動と定住を強いられた人びとの生の姿を映像に収め、難民の日常実践と越境の動態を考察する。

映像の撮影期間（時間）は、タイ・ビルマ国境のメーラ難民キャンプ（２００７年～２０１３年、２０１７年、２０２４年）、ビルマ・ヤンゴン（２０１３年）、ビルマ・ミャワディ（２０１５年）、アメリカ・インディアナ州のインディアナポリス（２０１５年～２０１６年）、アメリカ・サウスダコタ州のアバディーン（２０１７年）を中心とするフィールド調査で記録した約１７０時間である。

使用言語はカレン語とビルマ語、英語、そしてタイ語である。２０１０年に『OUR LIFE ――僕らの難民キャンプの日々』を完成させ、その後、追加撮影を実施して、１７０時間の映像を合わせ再編集し、『OUR LIFE　第一章：僕らの難民キャンプの日々、第二章：夢の終わり、エピローグ：故郷』を制作した。

（第二章 第三国定住地・アメリカ）

（第一章 難民キャンプ）

（エピローグ 故地・カレン州）

**写真序－1　映画『OUR LIFE』イメージ写真**

筆者撮影.

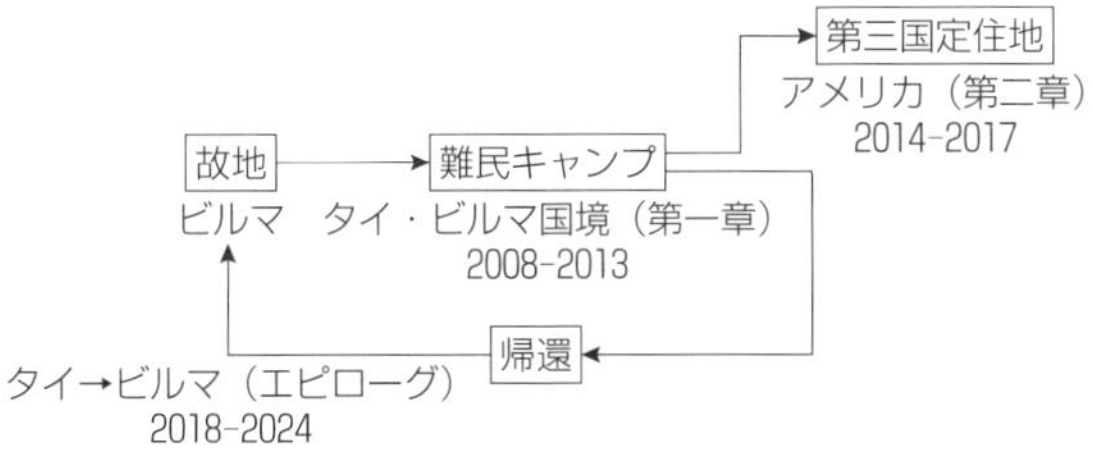


**図序－1　難民の越境をめぐる考察**

出典：筆者作成.

映画制作においては、長期にわたって関係性を形成し、難民たちと協働作業をしながら調査・撮影を進め、難民たちのライフコースにおける日常と越境の動態を捉えることを目指した。

## 注

（1）本書がとりあげるタイ・ビルマ国境に暮らす難民に関する研究においては、文化人類学者の久保忠行により、エスノグラフィ的アプローチによるカレンニー難民をめぐる移動と定住に関する多面的・包括的な考察が行われてきた。久保は、難民を他者との関係に生きる行為主体として捉えつつ、能動性と受動性を二項対立的なものとはせずに、難民が難民キャンプや第三国に定住するプロセス〈分離―過渡―再統合〉を通して、難民キャンプと故郷とのつながりや帰属意識の生成を詳細に明らかにした［久保 2014a］。

　国内の東南アジア地域における難民研究には、これまで、ベトナム戦争で祖国を追われた難民に関する研究、ラオスの山地民であるモン難民のアメリカ、フランス、オーストラリアの3カ国を横断的に考察し、儀礼や空間という「場」を通したつながりや表象に着目しながら、モン人のアイデンティティのあり方とモン社会の再構築に関する考察などが行われてきた［大津留 2016］。

　国内定住の難民に関する学術研究に目を向けてみると、少数民族とビルマ民族の組織活動を通した連帯を事例に、ネットワーク形成過程を考察した事例や、インドシナ難民の難民経験がその後の定住にどのような影響をあたえてきたか、世代別に観察した事例などがある［梶村 2015］。さらに、２０１１年からはじまった難民の第三国定住受け入れに関する事例研究も行われはじめた［久保 2013、三浦 2014］。一方、「帰還」に関する研究に関しては、難民の帰還自体が進んでいない現状およびビルマ国内へのアクセスも制限されてきたことから、まだはじまったばかりである［Nishimorri 2020］。

　難民の「故郷」に関する研究は、難民の歴史が古く研究蓄積が豊富なアフリカにおいてその多くが行われてきた。移民や難民たちが自らの故地をどのように意味づけ、「帰るべき場所」を創り出しているのか、その過程を明らかにすることで、これまでの、ノスタルジック的な「故郷」のステレオタイプな概念に覆し、新たな視点を生みだされてきた。近年においては、「故郷」を創出する場としての観点から考察する研究［大川 2010］をはじめ、南スーダンにおける難民の「帰還」を考察し、「難民」の「帰郷」が創られる過程に焦点をあてた研究［飛内 2019］などがある。

　文化人類学者の飛内悠子は、「帰郷」とは、故郷の意味づけの違いによって、故郷、故国観の相違が生まれ、多様な帰郷のカタチ（概念）を生み出し、「どこかへ戻る移動の「かたち」というよりは、「帰るべき場所」を創り出し、そこへ向かうという人間の一連の行動のパターンである」ことを示唆した［飛内 2019：315］。また、社会人類学者の村橋勲も、難民の主体的な難民キャンプと故地との往還を、教育機会の有無や経済的視点から描いている［村橋 2020］。

　さらに、東南アジアやアフリカ以外においても、中東地域における佐藤麻理絵の難民のホスト国におけるＮＧＯ支援とイスラームに関する研究［佐藤 2018］や、北インドのチベット難民の社会関係を生活戦略の視点から描いた片雪蘭［2020］による民族誌など、近年の地域研究や文化人類学における難民研究においては、多様な視点による分析により、考察を深めている。

　以上、難民の移動と定住、そして故郷に関する先行研究に追及した。本書では、久保の述べた〈分離―過渡―再統合〉を、一人の少年の日常と越境をめぐるライフコースを参与観察することにより、より詳細に分離から再統合までの過程を観察するものである。

（2）　社会学者の山岡健次郎は、難民保護という規範そのものの見直しを説く。難民は制度的身分へと取り込まれ保護されることで、国民社会との関係性が希薄化していく。そうした難民が生じる根本的な要因である共同体とナショナリズムのつながりを回避することで、難民問題解決へアプローチする新たな視点を提示している［山岡 2019］。

　国際政治の視点から難民を多角的に分析する小泉康一は、難民研究においては、難民の移動の動因の行動力学や日常生活を一般化し、マクロとミクロの双方からの視点による質的・量的研究による理論化が進められる中で、少数のサンプルに基づいた聞き取り調査や民族誌による質的方法による事例研究のみならず、広範なデータをもとに、難民の移動を経済・政治的も含んだグローバルな視点からのさまざまな技法による考察が必要であることを指摘している［小泉 2019］。小泉が指摘するように、多地域における難民研究が積み重ねられるとともに、分野を超えて、さまざまな研究者が多様な視点からの議論が交わされる必要があるだろう。

（3）　映像人類学者の大森康宏は、映像の特性を、以下のように述べている。

「1．現実の事象の進行時間と同じ進行時間で記録する。
2．撮られる中心的被写体だけでなく、その周辺の背景も記録する。
3．映像は現実感のある正確で具体的な出来事の視覚表現である。
4．音声の存在は映像の現実感を強め、見る者に登場人物などへの同一化作用を起させる。
（中略）

文字表現では、文字を通してイメージ化して理解するが、多くの場合、自分の創り出したイメージを疑うことなしに読み進み、次のイメージを都合よく確立して行くため、時として反省せずに読み進むことになる。映画は文字表現のように自由に事象の流れを止めて反省することはできないが、しかし直感的に映像の不正確さに気づくことがある。また映画映像は抽象表現に欠けていることもあって、見る者に様々な印象を与えることも注意せねばならない」［大森 1984：439-440］。

大森が述べるように、映像は撮影対象者の周辺の背景を記録し、音声の存在により、観る者に撮影対象者の生のリアリティに迫ることを可能とする特徴をもつためイメージ効果をもつ。その一方で、抽象表現にかけ、観る者にその解釈が委ねられるものでもある。

（4）視点＝Perspective はラテン語の perspectus＝per［通して］＋specere［見る］に由来する［田中・深谷 1998：154］

（5）状況内での「意味づけ」をすることにより、コミュニケーションが成立する［田中・深谷 1998：194］。

（6）たとえば、2015年、地中海をボートで渡り欧州への亡命を試みる途中で、命を落としトルコの海岸沿いで発見されたクルド人の3歳児に関する報道が、CNNやBBCなどから世界中へと発信された。同時に、難民申請の際に「偽装」したと報道されたネパール人難民に関する報道や、フランスのパリでおきた同時多発テロ事件に関与していたシリア人が、難民としてギリシャ経由で入国していたことも報道され、「難民問題」のニュースが連日、報道番組から流された。

（7）スーダン・ソンタグは著書『他者への苦しみへのまなざし』［2003］において、「他者が遭遇し、映像によって確認される苦しみへの想像上の接近は、遠隔の地で苦しむ者（テレビ画面でクローズアップされる）と特権的な視聴者とのつながりを示唆するが、それはけっして本物ではないし、権力とわれわれとの真の関係を今一度ぼやかしてしまうだけである。同情を感じるかぎりにおいて、われわれは苦しみを引きおこしたものの共犯者ではないと感じる。われわれの同情は、われわれの無力と同時に、われわれの無罪を主張する。そのかぎりにおいて、それは（われわれの善意にもかかわらず）たとえ当然ではあっても、無責任な反応である」［ソンタグ 2003：101-102］と述べている。

（8）佐藤は、ナチス（ドイツ）で制作されたプロパガンダ映画の事例として、レニ・リーフェンシュタール監督『意志の勝利』（1935年）をあげている。この映画には、ナチス政権下にヒトラーの指揮により制作された国家社会主義ドイツ労働者党（NSDAP、ナチ党）の第6回全国党大会の様子が描かれたドキュメンタリー映画であるが、〝アーリア人の優越〟に焦点を当てたプロパガンダでもあったと佐藤は述べている［2001b］。

レニの美意識と芸術性によって作り上げられた『意志の勝利』の特徴として、映像イメージによってイデオロギーを感情的に結びつけるという点にある。ナレーションを排除し、音と映像を使用した表象への「共感」を誘う作品となっている。レニの単なる「美」への追及が、意図せず、つまり無意識的に、ヒトラーの思想の普及と正当化へと加担し、アーリア人種至上主義プロパガンダへとつながってしまった。このようにドイツの一国民であったレニ監督および製作に携わった映画関係者、そしてこの映画を見た国民たちはナチズムに自発的に関与していった。

ナチスドイツ政権下における映画製作背景には、重苦しい日常生活の気晴らしを求める市民に状況の中で、ラジオや映画などの娯楽が求められていたことにもあった。映画の誕生には、映画は、新聞やラジオよりも政治的効果の大きい「国民的教育手段」として認識されていた。こうした背景のもと、レニ・リーフェンシュタールの映画が製作された［田野 1999］。

佐藤は、同じく、レニが監督を務めた1936年ベルリンオリンピックの記録映画『オリンピア（Part 1 民族の祭典、Part 2 美の祭典）』（1938年）も、彼女の「無意識の審美主義」により作り上げた映画の一つとしてあげている。佐藤は、レニが、強者の身体を描くことや人間の美しさを求めることにより、弱者への排他主義的なものへとつながってしまったと、述べている［佐藤 2001］。また、パラリンピックにおいても、障がいを持つ人びとが頑張っているという「健常者―障がい者」の二項対立的な描写による差別を生む可能性が潜んでいる。

（9）社会学者の津田正太郎は、他者への「共感」の対象が、「他者」に投影された自己の姿にすぎず、そうした投影は、他者を他者として認識できなくなるため、差異が消え、逆に、他者への共感からは遠ざかることをアーレントが危惧していたことに触れつつ、国民的連帯のためには、共感の役割が求められる一面があることにも追及している［津田 2016：211-214］。

（10）ベトナムからアメリカへ渡った際の手段が難民・亡命・移民かは、本人自身は語っていない［川口 2001］。

（11）佐藤によるミンハの映像論及び民族誌映画に関する批判的考察や、ミンハの先行研究に関する論考、および、ドキュメンタリー映画が捉える現実は「主観か客観か」という議論に関する考察に関しては、直井［2019b］で述べているので、参照して頂きたい。

（12）タイ北部のＨＩＶをめぐるドキュメンタリー映画 *Yesterday Today Tomorrow* 3部作『昨日 今日 そして明日へ…』（2005）、『アンナの道――私からあなたへ』（2009）、『いのちを紡ぐ――北タイ・ＨＩＶ陽性者の12年』（2013）。

タイでは、国家レベルでのＨＩＶ感染予防対策の展開のもと、感染予防教育や陽性者や家族のケアが行われた結果、懸念されていた感染の爆発的増加を押さえることに成功し、発展途上国で最初のエイズ予防成功例とされた。しかし、その一方で、感染防止策のメディアキャンペーンに使用されたネガティブなエイズ表象のもと、エイズ患者への差別が生まれていった。そのような中で、北タイでは各地で自助グループが立ち上がり、さまざまな関係性をうみながら、ＨＩＶ陽性者たち自らが主体となって、偏見を克服していった。そうした活動から生まれた関係性を、一人のＨＩＶ陽性者女性とその家族の生きざまを通してドキュメンタリー映画制作を通してみつめた［直井 2019b］。

# 第1章

# 日常

## ——『OUR LIFE　第一章：僕らの難民キャンプの日々』

他人の国に住むことは　恥ずかしいことだよ
他人の土地に住む事は　恥ずかしいことだよ
他の国の人びとは　自分たちの力で生きているのに。
他の土地の人びとは　自分たちの価値感で生きているのに
（『OUR LIFE 第一章：僕らの難民キャンプの日々』のシーンから）

『OUR LIFE　第一章：僕らの難民キャンプの日々』（Short Version）

本章では、『OUR LIFE　第一章：僕らの難民キャンプの日々』（撮影期間２００８～２０１３年、ダラツゥ14～19歳）で描かれたメーラ難民キャンプでの日常生活における〈場と語り〉の考察から、難民キャンプで生まれ育ったカレン難民であるダラツゥの少年期（14～19歳）における難民キャンプでのアイデンティティ（帰属意識）の形成に焦点をあてながら、難民キャンプで生きるということはどういうことなのかを考える。

## 1　映画の内容（登場人物）と舞台

### （1）『OUR LIFE　第一章：僕らの難民キャンプの日々』の内容

ダラツゥ（14歳）は、タイ・ビルマ国境の難民キャンプ生まれのカレン人。7人きょうだいの末っ子。閉ざされた厳しい環境の中でキャンプ生活を送りつつも、家族や友人たちに囲まれ日々を穏やかに過ごしている。将来は、カレン兵士になりカレンのために戦いたいといっていたが、17歳になるとアメリカ兵士になりたいと言い出した。そして次第に、キャンプに押し寄せる市場経済の波に翻弄されていく。

第三国定住政策や市場経済の流入などにより難民キャンプが変容し、兄や学校の友人たちが次々に第三国定住地アメリカへと旅立ち、キャンプを去るなかで、ダラツゥは、自分の将来を悩み始める。

2011年3月、ビルマの民政移管でビルマ国内の政治経済は大きく変化しはじめる。アメリカ政府は第三国定住の集団募集を終了し、タイ政府は難民キャンプを閉鎖する方針を打ち出した。第三国定住か祖国への帰還か。2012年、18歳になったダラツゥは、決断を迫られていた。なお、登場人物は**表1-1**の通りである。

### （2）映画の舞台：タイ・ビルマ国境メーラ難民キャンプ（歴史的背景と概要）

#### 歴史的背景

本書でとりあげる映画の主人公は、ビルマの少数民族グループ、カレンである。

ビルマは、人口約5100万人の多民族国家である[1]。主流民族はビルマ人であるが、ビルマ人以外に135の少数民族がいて全人口の約30％を占める。少数民族のうちで最も数が多いのがシャン人（9％）で、それに続くのがカレン人（7％）である[2]。

表1-1　登場人物（年齢は2008年8月の撮影時）

| 登場人物 | 性別 | 年齢 | プロフィール |
|---|---|---|---|
| ダラツゥ（主人公） | 男性 | 14 | 1994年難民キャンプ生まれ．7人きょうだいの末っ子．5人の兄と姉が1人いる．キャンプ内の小学校に通う． |
| ブレ | 女性 | 49 | ダラツゥの母．1959年カレン州 Kwee Lay 生まれ．<br>幼馴染のブラと結婚し，農業を営んでいたが，1983年，24歳の時，武装勢力に村を襲われ，長男と次男，そして生まれたばかりの三男を抱え，一家5人で難民キャンプへ逃げてきた．1985年9月1日～メーラ難民で暮らしている． |
| ブラ | 男性 | 53 | 父．1955年カレン州 Kwee Lay 生まれ．難民キャンプでは，ボランティア警備員の仕事を担っている． |
| レーダ | 男性 | 18 | 五男．1990年難民キャンプ生まれ．キャンプ内の中学校に通っている． |
| ノレ | 女性 | 19 | 長女．1988年12月難民キャンプ生まれ．家事手伝いを行っている． |
| マーカー | 男性 | 22 | 四男．1986年難民キャンプ生まれ．2007年アメリカ・インディアナ州へ第三国定住した． |
| ガイ（仮名） | 男性 | 25 | 三男．1983年カレン州生まれ．UNHCR の難民ナンバーを持たないため，第三国定住ができない． |
| トゥーセーポー | 男性 | N/A | 次男．カレン州生まれ．2007年，第三国定住地のコロラド州へ第三国定住した．妻と3児の子どもたち，そして妻の母と同居している． |
| ナイ（仮名） | 男性 | 35 | 長男．1973年カレン州生まれ．KNU 兵士． |

出典：Zone A Section1 難民登録書（1999年4月22日に登録）と調査を基に筆者作成．

多民族国家ビルマには公称135もの少数民族が暮らすが、カレンの人口は約400～500万といわれ、スゴーとポーの2族がおよそ7割を占めている。本書の登場人物のほとんどの人々が、スゴー・カレン語を使用している。

「カレン」とは、チベット・ビルマ語族に属するカレン系の言語を母語とする人びとを指すために、英語圏で用いられる他称である。タイ国内では、中央タイ語では「カリアン」、北タイ語では「ヤーン」、ビルマ語では「カイン」とも呼ばれている。カレンの自称は、スゴー・カレン語では「パクニョ」、ポー・カレン語では「プロウン」である［速水 2009：55-56］(3)。

カレン人は、6～7世紀ごろ、中国雲南省からサルウィン川沿いに移動したといわれている。その多くが、サルウィン川流域からタイ・ビルマ国境地域の山地およびイラワジ川下流のデルタ地帯に暮らしている

［大野 1969］。

ビルマは、3度にわたる英緬戦争下、1886年3月に英領インド帝国の1州とされ、英国の植民地となった。1942年3月から終戦までは日本軍が進駐してこの地を統治し、その後のカレンの人びとの生へも大きな影響を与えることになる(4)。

排英独立運動を行ってきたビルマの若手政治家たちは、「ビルマ独立軍」を結成して日本軍とともに戦い、英国軍を撤退させた。一方で、ビルマ人の反英運動に刺激されたカレン人は、英国植民地下におけるカレンの権利の保全などを求める新英的な政治運動を展開していった。

1948年のビルマ独立後、カレンには、自治権が与えられなかったため、カレン民族同盟（Karen National Union、以下、KNU）は分離独立を要求したが、その要求は却下され、独立は受け入れられなかった。そのため、KNUは1949年から、ビルマからの分離独立や自治権拡大を求めて1949年から反政府抵抗運動を続けている(5)。

内戦は長引き、1984年前後から、戦闘を逃れた多くのカレン人たちが、国境を越え、隣国タイへと押し寄せた。タイ・ビルマ国境沿いには9つの難民キャンプが設置され、約10万人の難民が暮らしている。メーラ難民キャンプは最大規模のキャンプで、全長8㎞程にもわたる国境沿いの土地に、約3万人の難民たちが暮らしている。約8割を占めるカレン人の他、カチン、モン、ビルマ人などが暮らしている［TBC 2024］。

1984年以降、KNUの武装組織カレン民族解放戦線（Karen National Liberation Army、以下、KNLA）と、マジョリティのビルマ人主体の中央政権との間の対立が激化し、多くのカレン人が難民として国境を越え、隣国タイへ逃れてきたため、タイ側国境に難民キャンプが設立されはじめた。

ネ・ウィン社会主義政権時代の1970年代中頃に実施された「四断作戦」（武装組織への食料、人員、情報、武器の供給を遮断）によって、自治が認められない立場に置かれたカレン人たちの民族独立運動が激しさを増し、197

6年、少数民族側により、民族民主戦線（National Democratic Front、以下、NDF）が結成された。この際、NDFを支援したのは、共産主義の浸透を恐れていたタイ政府だった。武装勢力は、こうして共産主義を防ぐための利用手段として勢力を維持することになる［足立 2019、五十嵐 2015］。

しかし、武装勢力が強まることを恐れたビルマ国軍は、1983年以降、運動を抑圧するための攻撃を強めたため、多くのカレン人たちが難民としてタイへ逃れはじめた。さらに、1988年～1990年にかけては、国内での民主化運動が激化し、軍隊による抑圧が増し、運動に参加した政治家や学生たちの多くがタイへ逃れ、難民の数が増加していった(6)。

ネ・ウィン体制崩壊後の1990年、暫定政府である国家秩序回復評議会は、総選挙で民主主義運動を率いた一人であるアウンサンスーチー書記長が率いる国民民主連盟（National League for Democracy、以下、NLD）に完敗するが、暫定政権は、政権移譲を拒否し、アウンサンスーチーを自宅軟禁した。そして、1992年、タンシュエ将軍が、軍事政権のトップについた。

しかし、タンシュエの軍事政権下においても、しばらくの間、KNUとビルマ政権の間には、和平合意には至らないまま、膠着状態が続いた。1994年には、ビルマとの貿易を求めるタイ政府の圧力のもと、KNUを除く少数民族組織との間に停戦合意がなされたが、KNUは含まれなかった。

1994年以降、KNU組織は、KNLAとビルマ国軍と協力関係を持つ民主カレン仏教徒軍（Democratic Karen Buddhist Army、以下、DKBA。KNUから分裂して作られた組織）との内戦状態下にもあり、1995年には、KNUの拠点であるマナプロウがビルマ政府軍とDKBAにより陥落したことで状況は悪化したため、多くの難民および国内避難民が発生した。

KNU分裂の一因として、一部のキリスト教幹部による富の集中への仏教徒兵士の不満があげられている。また、DKBAを率いたとされるカレン人僧侶であるミャインジーグー僧正（以下、ウ・トゥザナ）の存在も指摘されている。仏教徒カレン兵士の一部は、1994年12月に、KNLAから脱退し、DKBAを結成した。その際、DKBAが集結した場所が、ウ・トゥザナの建立した寺院だった。KNLAの兵士たちは、ウ・トゥザナの護符をつけて、誓いをたてたため、ウ・トゥザナは、DKBAの指導者とされた。

ウ・トゥザナは、元KNLA兵士でもあった。従軍後、再び僧侶として、国境地域で紛争を終わらせるための平和活動の一環として、カレン州に多くの仏塔と戒壇堂を建設（再建したものも一部含む）した。その中の仏塔の一つが、国境域の戦略的要衝である山上に建設されたことが、KNU幹部に戦略的意図を含む行為として、危険視されていたという。こうして、KNUの分裂を機に、ビルマ国軍はDKBAを味方につけ、KNLAとの闘いで有利に立ったことでKNUは戦力を失い、1995年、マヌプロウは陥落した［速水 2015：78-80］。その結果、1995年以降も、タイへ逃れる難民の数が増加し続けた。

## 民政移管からパンデミック下のクーデター

ビルマ・タイ国境情勢が大きく変化しはじめたのは、2010年末のことであった。

ビルマでは、2010年10月に実施された総選挙後、アウンサンスーチーが解放され、テインセイン政権下のもと、2011年3月に民政移管が行われた。ビルマ中央政権とKNUによる和平交渉も進み、2012月1月、停戦協定が結ばれた。60年にも渡り続いた内戦は終結へと向かいはじめ、国境の監視も緩和し、タイとビルマの国境の往来も自由にできるようになった。

その後、2015年11月に総選挙が行われ、翌年の2016年には、NLD率いる新政権（ティンチョー政権）が発足した。ビルマの民主化の動きにともない、ビルマ内戦（1948～2012年）の難を逃れてタイの難民キャンプで生活していた難民の故地帰還（及びキャンプ閉鎖）事業が2016年10月から始まった。2020年の全員帰還を達成目標とし、帰還地であるビルマ国内カレン州では工業団地や住居の建設、学校や保健所などの整備がはじまった。

しかし、2021年2月のクーデター後は、再び軍事政権の支配下に置かれた。このクーデターは、2020年11月8日に行われた総選挙に不正が会ったとする国軍が、「国家の安定」の維持を目的に実行したものであった。

2月1日未明、NLD党首のアウンサンスーチー国家顧問兼外相や国家元首のウィンミン大統領などをはじめとするNLDの幹部ら約500名以上が国軍に拘束され、国軍により権力が掌握された。同日、国軍により、1年間の非常事態宣言が発令され、国内でのSNSへの接続が遮断された。翌2月2日には、最高統治機関「国家行政評議会」（SAC）が設置され、ミン・アウン・フライン総司令官が議長に就任し、暫定大統領には、国軍出身のミンスエが就任した［北川 2021］。メンバーには、NLDやKNUに参加していた人物も存在し、議員16名の内、8名の民間人が占めた。

これに対して、2月5日には、NLDの連邦議会委員らにより、独自組織「連邦議会代表委員会（CRPH＝Committee Representing Pyidaungsu Hluttaw）」が発足した。

クーデターから1週間後の2月7日、抗議デモがはじまった。ヤンゴンやミャワディで20代の若者たちが繰り広げたデモは市民不服従運動（Civil Disobedience Movement、以下、CDM）とよばれ、2月下旬には全土に展開した（22222運動）。その様子が、CDMのメンバーにより海外サーバーであるVPN（仮想私設網）を経由し、Facebook（以下、FB）などのSNSで拡散されはじめると、デモはバンコクや東京など、世界各地へと広がっていった。

しかし、「22222運動」以降、治安部隊によるデモの弾圧が強くなり、2月末には死者数が100人を超えた[7]。国軍への抗議デモへ参加した少数民族の人びとも弾圧の対象となり、タイ側へ避難するカレン人たちも現れはじめた。国軍記念日である3月27日以降になると、国軍の弾圧は激しさを増し、約3000人のカレン人が国境へ押しよせたが、タイ政府により強制送還された[8]。

治安部隊は銃弾によるデモ鎮圧を開始、同時に国軍による言論統制もはじまり、3月8日には、主要メディア5社が免許を剝奪され、情報発信の規制対象とされた[9]。対象は、SNSなどのネット上での発信にも及んだ。国軍によりネット接続が切断され、ビルマ国内から発信される情報も、徐々に少なくなっていった。

それまでにも、コロナ感染拡大防止措置として、国境が閉ざされ、外国人ジャーナリストの入国は制限され、現地に残る数少ない報道関係者やNGO関係者らも、自由な行動は制限されていた。それに加えてのクーデターである。現地からの情報は更に限られるようになり、日本のTV報道番組では、日本人ビルマ研究者など有識者たちによる歴史的背景や現状分析による解説がその多くを占めるようになった。

4月16日には、CRPHにより設立された新政府「挙国一致政府／国民統一政府」（National Unity Government、以下、NUG）は、5月5日に「国民防衛隊」（People's Defense Force、以下、PDF）を発足した〔北川 2021〕。7月には、ビルマ軍による一般人への集団殺害がビルマ国内カニ郡の4カ所（イン、ジー・ピー・ドゥイン、Taungbauk、Shikoetat forest）で実行され、少なくとも40名の死者が出た〔BBC 2021〕[10]。

そして、9月7日、NUG副大統領ドゥワ・ラシ・ラー氏は、国軍に対し、「戦闘開始」を宣言した。KNUは、2012年1月に締約した国軍との停戦合意（2015年に停戦協定を結んだ）を破棄し、この日を境に、再び、内戦状態へと入っていった。

このような背景のもと、国境に難民キャンプが設置され、ビルマから逃れた人びとが今も暮らしている。

## メーラ難民キャンプの概要

現在、約10万人の難民が、タイ側国境地帯にある9カ所の難民キャンプ[11]で暮らしている。タイ北西部に位置するメーラ難民キャンプは、1984年に設立された最大のキャンプである。タイ北西部のメーソットから北へ約65㎞に位置し（図1-1）、全長7・5㎞（全面積は2・4㎢）に、およそ3万人が暮らしている。その内、カレン人が約

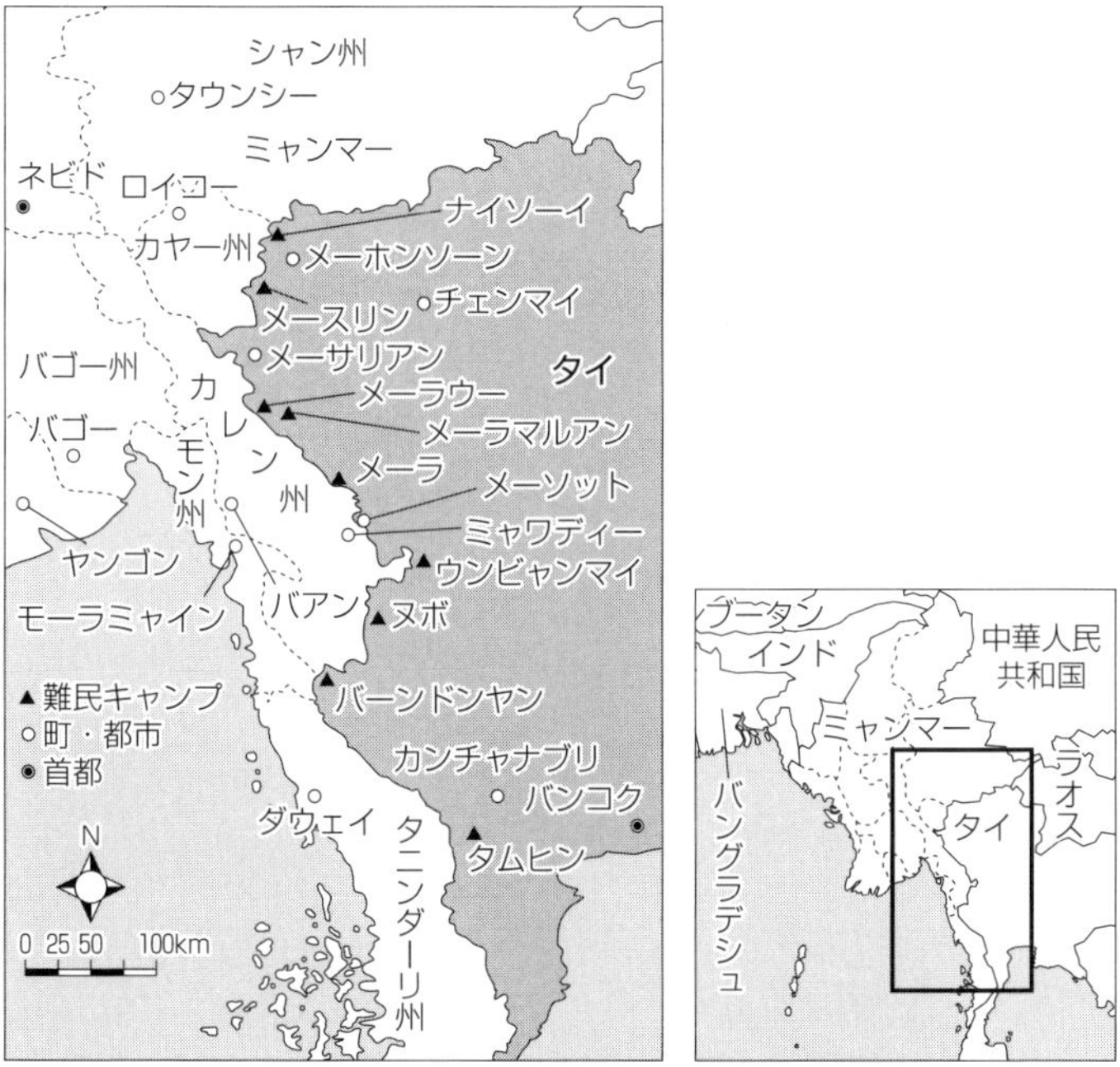


**図1-1　タイ・ビルマ国境に位置するメーラ難民キャンプ**

出典：TBC［Thai Border Consortium］のHP上地図を基に筆者作成.

8割、その他、カチン、モン、ビルマ人などが住んでいる［TBC 2024］。

Thailand Burma Border Consortium（TBBC）による統計（難民登録者以外の者も含む。キャンプに住んでいることが確認され配給を受けることができる人たちの人数）によると、難民総数は、**表1-2**の通りである。

難民キャンプの構成員の民族別統計（2024年6月時点の統計）は、次の通りである。カレン人81・7%、カレンニー人9・2%、ビルマ人4・2%、モン人0・5%、その他4・4%。年齢構成は、6カ月未満0・6%、6カ月～5歳以下8・7%、5歳～18歳以下33・2%、18歳以上57・6%［TBC 2024］。

宗教は、キリスト教、上座部仏教、イスラム教、アミニズムなど多宗教である[12]。キャンプ内には、仏教のお寺とムスリム系モスクがそれぞれ4カ所、23カ所のバプテスト系の教会がある［Bjorklund 2021］。休日になると、頻繁にキャンプ内の寺院や教会などでのイベ

表1-2　メーラ難民キャンプの難民総数

| 年 | 難民数（人） | 総数（人） | IDP（人） |
|---|---|---|---|
| 1984 | 10,000 | | |
| 1992 | 381 | 68,391 | |
| 1994 | 6,374 | 77,107 | |
| 1995 | 21,250（8月） | 89,192 | |
| 1996 | 25,635 | 101,425 | |
| 1997 | 24,290（4月） | 112,587 | |
| 1998 | 31,680 | 111,813 | |
| 1999 | 23,875 | 116,047 | |
| 2000 | 37,070 | 127,914 | |
| 2001 | 40,503 | 138,117 | |
| 2002 | 41,941 | 144,358 | |
| 2003 | 45,878 | 151,808 | |
| 2004 | 48,910 | 155,785 | |
| 2005 | 46,534 | 155,212 | |
| 2006 | 49,275 | 165,901 | |
| 2007 | 41,092 | 153,847 | |
| 2008 | 37,000 | 145,027 | |
| 2009 | 40,009 | 139,336 | |
| 2010 | 45,692 | 141,076 | 19,587 |
| 2011 | 46,431 | 137,742 | 16,787 |
| 2012 | 45,115 | 128,783 | 17,079 |
| 2013 | 43,255 | 119,694 | 13,426 |
| 2014 | 40,385 | 110,607 | 12,639 |
| 2015 | 37,876 | 104,310 | 12,318 |
| 2016 | 37,518 | 99,170 | 8,816 |
| 2017 | 34,685 | 93,757 | 8,151 |
| 2018 | 32,562 | 86,864 | |
| 2019 | 30,726 | 81,274 | |
| 2020 | 29,505 | 79,463 | |
| 2021 | 29,746 | 80,982 | |
| 2022 | 28,828 | 79,335 | |
| 2023 | 28,618 | 86,637 | |
| 2024 | 33,153（6月時点） | 98,790 | |

出典：TBC［2022, 2024］を基に筆者作成.

ントが行われる。

難民キャンプの管轄は、タイ政府の内務省により行われているが、タイ政府は、難民のタイへの庇護国定住を正式には認めていない。あくまでも、一時的に難民キャンプに滞在することのみ許されており、帰還奨励を原則としている。タイは、難民条約（難民の地位関する条約と議定書）に批准していない国である。難民を庇護する義務や法律が存在しないため、難民への対処に関しては、タイ国独自の裁量で行われていることになる。カレン人たちは、移民法によって管轄されているため、タイでは避難民として扱われている。

ベトナム戦争により避難したインドシナ難民を受け入れた時代、タイ政府による難民政策の背景にはベトナム勢力に対する盾としても共産主義への批判的な政治的道具とされてきた面もあった。一方で、ビルマ政府とタイ政府の関係性には、そうした共産主義の勢力への防壁としての役割と同時に、経済的な効果として機能していた背景がある。ビルマの木材などの豊かな天然資源に着目したタイ政府は、経済の自由化を進めていった。タイの外交方針は利益を生み出した一方で、チュワン政権の時代には、タイとビルマ関係の悪化をまねき、かえってビルマ国内における地域の不安定化を招き、難民数を増加させた。

2001年以降のタクシン政権下になると、ビルマ軍政首脳陣への働きかけで、再び両国の関係は安定したが、タイ政府によるビルマ反政府運動の活動家や組織の弾圧が始まった。その後、難民帰還の動きがはじまったが、2004年10月に、ビルマ政府と反政府勢力との間の停戦合意を実現してきたキンニュン首相が更迭され、帰還事業を実行することが不可能となった。その結果、タイ政府は、第三国定住制度の導入をすることを決定した（その後、2004年12月からUNHCRとの協働により、難民登録の開始に至る。注30参照）。このようにタイの難民政策の方針は、二国間関係に常に揺れ動いているため、難民問題へのアプローチにおいては、難民の視点から「人々がいかに国家の政策に現場レベルで応対してきたのか」を明らかにする必要性を久保は述べている［久保 2013：74-79］。

では、難民キャンプ内は、どのように管理されているのか。難民キャンプは、タイ政府の監督下でカレン難民キャンプ委員（Karen Refugee Committee、以下、KRC）により運営されている。また、タイ政府により協力をゆだねられ1998年より活動を開始した国連難民高等弁務官事務所（United Nations High Commissioner for Refugees、以下、UNHCR）他、13の国際NGOの支援活動が行われ、物資の配布や住宅資材の提供、また、職業訓練、診療所、図書館の運営などを担っている。

# 表1-3　メーラ難民キャンプで活動する13の国際 NGO

CCSDPT（Committee for Coordination of Services to Displaced Persons in Thailand）*

| 団体名 | 支援活動内容 |
|---|---|
| ACTED: Agency for Technical Cooperation and Development | コンピューター関連の支援. |
| ADRA: Adventist Development and Relief Agency | 調理，理容，縫製，機械などの職業訓練事業を実施. |
| COERR: Catholic Office for Emergency Relief and Refugees | 農業支援訓練や孤児や老人などの支援，環境保護など. |
| DARE （Drug & Alcohol Recovery & Education） | 薬物乱用と関連する社会問題を軽減するために，文化的に適切な非医療的治療と予防教育を提供. |
| HI: Humanity & Inclusion（Handicap International） | 地雷被害者への支援．義手，義足作成などの支援. |
| IRC: International Rescue Committee | 人道危機に対応し，人々の生存と生活再建を支援 |
| JRS: Jesuit Refugee Service（Asia Pacific） | 教育，食料支援，生活支援など. |
| MI: Malteser International | マルタ騎士団の世界的な救済機関. |
| RTP: Right To Play | 遊びの力を使って，子どもたちを守り，教育し，逆境から立ち上がる力を与えることを目的とした支援機関. |
| SCI: Save The Children | 子どもたちのための援助機関. |
| SVA: Shanti Volunteer Association | 図書館の建設と運営，出版事業などを行っている．メーラ難民キャンプでは2024年現在４つの図書館を運営している. |
| TBC: The Border Consortium（旧 TBBC: Thai Burma Border Consortium） | 食料，住宅資材，生活用品などの支援 |
| WEAVE Women's Education for Advancement and Empowerment | クラフト販売など，女性の能力開発を中心とした事業を実施している. |

注：＊ 1975年に設立されたNGOネットワーク団体.
出典：TBC［2022］および久保［2014］を参照に筆者作成.

また、カレン難民委員会教育部会（Karen Refugee Committee Education Entity、以下、ＫＲＣＥＥ）が設置され、国際ＮＧＯやＵＮＨＣＲの支援により、幼稚園から高校まで設置されている。カレン語（スゴーカレン）による学校教育が行われているが、ビルマ語と英語の授業が行われ、その他、算数（数学）、科学、歴史、地理の授業などが設けられている。

住居用の物資なども配給され、難民たちは、各自で、ユーカリの木で骨格を、竹葺で壁と床を作り、屋根は茅葺を重ねて、高床式住居の家を作る。

家には電気が通っていないが、２００９年以降は、電気使用料（１０００～１５００バーツ／月）を支払えば、自家用ジェネレーターを使用することが可能になった。また、ガスも通っていないため、料理を調理する際には、配給されている炭を使用する。

食料に関しては、フードカードが配られている。難民たちは、そのカードで、米、大豆、食用油、砂糖などの配給物を入手する。(13) 豚や鶏を飼育し、売りさばくことで収入源にしている家庭もあり、家族の結婚式や送別会など特別なイベントなどの際に、自ら豚をさばいて料理をし、振る舞うこともある。

家に水は引かれていないため、飲料水の供給は、ＮＧＯによって作られた井戸水をポンプでくみ上げて使用する共同の水場で行われている。洗濯や水浴びをする際にも、井戸水が使用されている。

トイレは一世帯あたり一基、家の裏に設置されている。地面を掘り、その穴に便器が直接据えつけられて、トタン板で周壁が作られている。トイレの使用後に流す水は、川から運びバケツに溜めたものを使用する。

医療に関しては、難民キャンプ内に、病院が設置されており、難民たちは、無償で診療を受けられるようになっている。国際医療協力（Aide Médicale Internationale、以下、ＡＭＩ）が主な医療を担っているが、ＴＢ（結核）に関しては、国境なき医師団（Médecins Sans Frontières＝MSF）、産婦人科はショクロマラリア研究ユニット（Shoklo Malaria Research Unit＝SMRU）が管理している。ＡＭＩが管理しているメーラ難民キャンプ内の病院では、２つの外来専門部門（ＯＰＤ）と、１５４の病床を有する入院患者部門（ＩＰＤ）が設置されている。病院のスタッフや看護師や実験助手などの医療従事者は、技術指導訓練を受けた難民たちである。専門の医師が難民の医療従事者へのアドバイスなども行っている［Alexakis et al. 2019］。医薬品なども、難民キャンプ内の病院に置かれているが、配布されている薬の種類は限られている。重症患者は、メーソット市内のタイの病院に搬送され治療を受ける場合や、ビルマ・タイ国境地域で難民・移民の医療活動を行っているメータオ・クリニックで受診する難民も少なくない(14)。

難民がキャンプ外に出ることは基本的に禁止されており(15)、タイの国境警備隊（Border Patrol Police）によりキャンプの出入口の管理が行われている。難民自身による警備員なども、ボランティアで監視役として任務についている場合もある。一方で、外部からの物流は閉ざされているわけではない。キャンプ内には、市場もあり、メーソットの街や近隣の村から運ばれた商品が並び、野菜や魚や嗜好品をはじめ、衣服や靴などの生活用品や衛生用品、学校で使用する文房類やカバンなど一通りの日常雑貨は手に入る。その他、難民がカレン布を裁縫し仕立てた民族衣装や、家の裏庭で栽培した野菜なども売買されている。また、ヘアサロンや喫茶店、カレン料理やルークチンを売る屋台や靴や服を修繕するお店などもある。

娯楽は限られているが、キャンプ内には小さな映画館が設置されている区域もある。映画は1～3バーツで1作品が鑑賞できる。映画館に併設されたビデオショップでは、ＶＣＤも約10～20バーツで販売されている。タイで流行しているハリウッドや韓国映画などが占めているが、ビルマ国内から、ビルマ映画や、カレン人自身によって自主制作されたミュージックビデオのＶＣＤなども売られている。

メディアの主流は、撮影開始の２０００年代はラジオであり、短波ラジオ放送から流れるビルマやタイのニュースが難民たちの主な情報源であった。２０００年代後半に入ると、携帯電話を購入する者も徐々に増え、海外に移住した家族や友人との通信が可能になった。２０１０年代になると、第三国に定住した家族からの仕送りで、テレビを購入する家が増え、タイやビルマのテレビ番組をリアルタイムで見ることが可能となった。２０１０年代中旬になると、携帯電話はスマートフォンに買い換えられ、世界各国からの情報が、一気に入ってきた。インターネットカフェなどでPCを使用する者が増え、難民たちが、主体的に情報を得て、選択し、発信することが可能な環境へと移っていった（本章第5節で詳説）。

以上、難民キャンプの歴史的背景や概要を簡略に述べてきたが、次節以降では、ダラツゥの青年期（2008年〜2013年、14〜19歳）における日常生活の観察を通して、難民キャンプと難民たちの日常がどのように変容していったのか、そして、ダラツゥのアイデンティティがどのように形成されたのか、作品の場面考察を通して具体的にみてみよう。

## 2　難民キャンプの一日

ダラツゥの一日は、早朝の水汲みの仕事からはじまる。家には、水道は引かれていないため、共同の水場へ向かう。家から持参したバケツに水を入れて、家へ運び、タンクなどで保管する[16]。

ダラツゥの母と姉ノレは炊事場で朝食の準備に入る。母は、野菜を切ってスープを作り、姉は、母と横に並んで七輪の炭で火をおこし、米を炊く。食事は、配給されたもので賄われているが、育ち盛りの14歳のダラツゥには十分とは言えない。ダラツゥ家では、鶏や豚を飼育し、現金収入を得ながらの生活を送っていた。

食事時になると、家族全員が集まり、円卓を囲む。ダラツゥ家には当時、ダラツゥの両親と姉、そして、三男と五男の兄2人の6人が一緒に暮らしていた。タイの人びととは異なり、床には直接座らず、足をやや広げしゃがんだ姿勢で食事をとる。そして、大皿に盛られた野菜や発魚のすり身（発酵した魚の練り物）などのおかずを分けあいながら、個々のお皿に盛られた主食のお米と一緒に指を器用に使いながら口に運ぶ。その際、木の臼で砕いた唐辛子をかき混ぜたものをお米とまぜる[17]。

食事を終えた者から順に円卓を離れ、各自で自分の使ったお皿を洗う。食事を済ませたダラッゥは、制服に着替え、カレンの伝統の手織りで作られた刺繍入りのショルダーに教科書などを詰め込み、難民キャンプ内に建てられた家から歩いて5分程の学校へと向かう。小学4年生（グレード4）のダラッゥ（撮影開始当時の2008年）は、平日朝9時から午後3時頃まで、学校で授業を受ける。

昼食は、各自、家へ戻ってとるが、キャンプ内に建てられた屋台で5～20バーツで売られているカレー麺やルークチン（魚や肉のつみれ）などで済ませるときもある。午後の授業を終え、帰宅すると、Tシャツと短パンに着替え、そして、サンダルから運動靴に履き替え、広場へと向う。2つ上の兄レーダや兄の友人たちと一緒にサッカーやセパタクロー(18)をしたり、同級生の友人と木登りをしたりと、行動を共にした。

夕方家に戻ると、豚や鶏に餌を与えたり、水汲みをしたりと、早朝と同じように家事の手伝いをする。配給日には、物品の受け取りに配給所へ兄たちと向かい、配給された食料や炭などを運ぶ。家事手伝いを終えると、共同水場で水浴びをし、普段着に着替えて、キャンプ内のレンタルVCDショップに併設されたミニ映画館へ出かけたり、NGOによって設立された図書館(19)などに通い、本を読んだり宿題をしたりして、夕食までの時間を過ごす。

夕食の時間になると、難民キャンプの出入り口で警備のボランティアをしている父も家に戻り、家族全員が再び一緒に食卓を囲む。電気は通っていないため、ロウソクを灯しながら、食事をとる。夕食後は、客間でカレンの民族楽器を弾いたり団欒をしたりして過ごし、夜9時には就寝する。

当時、ダラッゥ家には、子どもたちの寝室は作られておらず、きょうだいで川の字になり、竹床に寝ていた。キャンプに建てられた家は、フタバガキの屋根と竹で作られた高床式住居である。台所の他に部屋は、客室と、父と母の寝室があるのみであった。

家の中には、壁などの仕切りはなく、家族全員、空間を共有しながら暮らしていた。入り口近くに仏壇が設けられており、お供え物が常におかれている。仏教徒のダラッゥの両親は、毎日、朝晩のお祈りを欠かさない。仏壇の棚の奥には、色褪せた写真などが大事に貼られており、難民キャンプ生活の長さを物語っている。張られている写真の中には、KNUの兵士で別のキャンプに暮らすダラツゥの兄（長男）の写真も含まれていた。

ダラツゥには、6人のきょうだいがいるが、2005年に第三国定住制度がはじまり、2007年に、次男と四男がアメリカへと渡った。長男は、KNU兵士のため、また、三男のガイは、国連番号（難民登録）を持っていないため、第三国定住申請ができない[20]。息子2人を残して移住することには反対だった父は、第三国定住制度の開始後も、難民キャンプに残留することを選んだ。父はまた、内戦が終結し、ビルマに平和が訪れたら、生まれ育ったカレン州へ帰還するという願望も抱いていた。

ダラツゥの両親は、ともに、カレン州 Kwee Lay 出身である。父ブラは1955年に、母ブレは1959年に、同じ村で生まれた。2人とも、村の小学校を卒業後、実家の農業を手伝いながら、生活を送ってきた。そんな幼馴染の2人は、1970年代初めに結婚し、その後3人の子宝に恵まれ、農業を営みながら自給自足の生活を営んできた。

しかし、1983年、ビルマ国軍勢力に村を襲われ、長男と次男ツゥーセーポー、そして生まれたばかりの三男ガイを抱え、着の身着のまま、一家5人で国境を越え、難民キャンプへ逃げてきたという。その後、難民キャンプ内で、長女ノレと、四男のマーカー、五男のレーダ、六男のダラツゥの四人の子どもを産み、7人の子どもを育ててきた。ダラツゥ一家が難民キャンプに暮らしはじめて、すでに25年という月日が流れていた（撮影当時の2008年時点）。

両親のカレン州での経験や、難民キャンプに逃れてきたその過程や背景に関しては、日常の会話の中において、母や父から子どもたちへと語りつがれている。以下は、『OUR LIFE』の場面の一つである、食事中の母と娘との会話の一部である。

［シーン1］食事中の会話
母：いつまで食べてるの？
姉：ほっといてよ。
母：ビルマでは、ゆっくり食べてたら、生きていけないよ。
姉：カメラに撮られてるからよ。
母：あら、そう。勝手にしなさい。いつも、急いで食べているわ。ビルマでは、本当に忙しかったの。牛の世話も大変だったわ。放っておくと、他人の家の稲を食べてしまうからね。銃声が聞こえる度に、逃げ回っていたわ。だから、急いで食べることが、習慣になってしまったの。難民キャンプに居ても、その癖がとれないの…。料理の仕度の最中に、逃げ出すこと事もあったわ。全て捨てて逃げたわ。

このように、食事中のなにげない場面においてもビルマ国内での生活の様子が窺える会話が交わされている。キャンプ以外の外部との接触は限定されている難民の子どもたちは、両親の祖国に足を踏み入れたことはなく、戦争を実際には体験していない。ダラツゥのような難民キャンプ生まれの子どもたちは、難民キャンプの中の関係性が彼らの世界そのものになる。戦争を直接体験したことのない子どもたちは、両親やきょうだいや親戚など内戦の体験談や語りを通して、自らの生い立ちや民族のルーツを知る。

難民生まれの子どもたちが民族意識を構築する空間として、難民キャンプで行われるカレンの伝統行事やKNU革命記念式典などの様子を、映画の場面から見ていこう。

## 3　難民キャンプにおける伝統行事と教育事情――難民のアイデンティティ形成

### （1）難民キャンプの伝統行事

難民キャンプでは、カレンハンドタイデーなどの仏教祭をはじめ、カレン正月やカレン革命記念日など、さまざまな伝統行事が行われている。筆者が難民キャンプに滞在中も、何度かイベントが行われたのでダラツゥと一緒に参加した。作品中では、ダラツゥと知り合ったばかりの頃に参加したハンドタイデーの仏教祭を冒頭にインサートしている。

ハンドタイデーの仏教祭は、8月の満月の日に盛大に行われる。民族衣装を身にまとったカレン人たちが、平和を祈るためにお寺に集まり、敷地内に建立された仏塔を拝観し、僧侶の説法を聞き、聖水を撒布し、腕に聖糸を巻き合う。作中では、カレンの民族衣装をまとい、タナカ（白粉）を塗り、鏡の前で念入りに髪をセットしオシャレをしたダラツゥが、お気に入りの女性に赤い糸を腕に巻いて貰っているシーンをインサートしている。

難民キャンプ内での仏教祭などの伝統行事は、信仰的意味合いと同時に、普段は学校以外の場で出会う機会が少ないダラツゥのような難民たちの男女の出会いの場となっている。難民は労働を禁止されているため、学校を卒業後は出会いの場は限られている。学校在校中に知り合い、付き合いはじめた相手と結婚するケースも少なくない。また、民族衣装をまとうことは、彼らが「自分が何者なのか」を意識する機会にもなり、難民キャンプの儀式を通し、カレン文化が継承されながら、カレン同士の連帯感も生み出されている。

作中には、仏教祭以外にも、さまざまなカレンの伝統行事をインサートしているが、カレン難民が難民以外のカレンとともに参加できる代表的な行事の一つとして、２００９年1月に開催された、ＫＮＬＡ第7旅団司令部でのカレン革命抗争60周年セレモニーも、インサートしている。毎年1月31日に行われている革命記念式典であるが、筆者が参加した年は60周年記念式典でもあり、とくに盛大に行われた。KNU幹部やKNLA兵士をはじめ、難民キャンプに暮らす難民たち以外にも、国外に亡命したカレン人や第三国定住した難民たちが一時帰国し参加した。KNLA第7旅団司令部は、メーラ難民キャンプから車でおよそ2時間北上し、サルウィン川を渡ったビルマ領側にそびえる、カレン州のシンボルであるズウェガビン山の麓に設置されている。[21] ゲート（司令部の出入口）には、「コートレー（花咲く大地）KNLA第7旅団司令部」と書かれた看板が立っている。[22]

グラウンドには、アウンサンの似顔絵が書かれた大きな看板と、大きなカレンの国旗が掲げられ、ダラツゥのような、難民キャンプに暮らすカレン人の他、ビルマ国内に暮らすカレン人たち約5000人が参加した。[23] 式典では、ムトゥー・セイポー最高司令官、ポラー・セイン書記長などKNU幹部や国外に暮らす亡命者らによるスピーチが続いた後に、KNUの軍歌に合わせてKNLA兵士による行進が行われた。クロージングには、カレンの学生たちによるドーンダンスが繰り広げられた。全身を使ってのダンスに、グラウンドに立つ土埃で、ズウェガビン山が隠れてしまうほどの熱気に包まれた。

会場の敷地には、カレン歴史資料館などのプレハブでできた仮設の建物なども設置され、KNUの歴代にわたる幹部らの写真やカレンの伝統衣装などが飾られ、壁には、カレンの歴史年表が張られ、歴史資料や文献なども文化紹介コーナーに置かれていた。敷地内に建つ教会では、礼拝なども行われ、式典へ参加した人びとが、牧師の説教に耳を傾けていた。式典後には、参加者たちが、カレン料理や飲み物が売られている出店で食事をしたり、ダンス出演を終えた学生たちが、ベンチに座って食事をとりながら会話を楽しんだりする姿も見られた。

外部との接触が少ないダラツゥのような難民キャンプ生まれの子どもたちにとっては、難民キャンプの外で暮らすカレンたちとの出会いの場としての、社会空間にもなっている。

このような民族の伝統行事や式典は、カレンの帰属意識を形成する機会である［Smith 2018］。式典などでダンスを踊ることで、カレンたちは、社会的な連帯感を生みだし、国民としてのアイデンティティを確認する。そして、彼らは踊ることによって、政治的な意思表明を表現することで、積極的に自らのアイデンティティを構築する［McLachlan 2006］。

ＫＮＵ幹部や亡命者たちのスピーチ内容の受け止め方も、難民の年代や生まれ育った環境によって異なる。難民の子どもたちの中には、民族独立のために国境で抵抗運動を続ける兵士たちに憧れや尊敬の念を抱く者がいる。国外で教育を受け、亡命生活を送りながら政治活動を行う同朋たちに憧れを抱く者もいるだろう。

以下は、２００８年2月14日に暗殺されたＫＮＵ書記長パドゥマンシャの次女で、イギリス在住のカレン民族女性活動家ゾーヤ・パン（以下、ゾーヤ）の式典におけるスピーチである。

［シーン２］

ゾーヤ：皆さん！　今年のカレン革命抗争記念式典でお話する機会を頂き、大変光栄に思います。長い間、ビルマ国軍は、カレン人を弾圧してきました。しかし今日、記念日を祝うために、世界中から大勢の方々が集まりました。我々カレン人の民主化、人権、自由のための闘争を援助してくれる方々です。私もこの闘争を支えながら戦っている一人です。私たちは、軍政の権力と戦い続けることを、皆さんとカレンのリーダーたちに誓います。昨年、私の父、カレン民族同盟の書記長であるマンシャが暗殺されました。なぜなら、父は民主主義を信じ、自由と人権を求め続けたからです。しかし父の意志は、私たち子どもたちと、カレンのリーダーたちへ、そしてカレンの皆さんに引き継がれています。我々は、カレンが自由を得るまで、戦い続けなければなりません。ビルマに暮らす全ての人びとが自由を得るまで戦うのです。

ゾーヤは、１９８０年カレン州マナプロウに生まれ育った。１９９４年、ゾーヤが14歳の時にビルマ国軍からの攻撃にあい、メラウ難民キャンプへ避難する。１９９６年にカレン州へ戻ることができたが、１９９７年、再び攻撃にあい、ヌポ難民キャンプへと逃れる。その後ゾーヤは、奨学金を得てバンコク大学へ進学する機会を得る。そして、大学卒業後にイギリスへ渡り難民申請し、2年後の2007年に受理され、現在もイギリスを拠点に活動を行っている。人権を尊重し、教育を促進し、カレンの文化を維持することを目的とした「パン財団」をきょうだいたちとともに設立し、資金面でもカレンの援助を行っている［Phan 2009］。

ヨーロッパで暮らすゾーヤは、書籍を出版するなどして自身の活動を発信しており、カレンたちに、民主主義を得るまで闘い続ける必要性を訴え続けている。女性の人権活動家としてマスメディアでも度々取り上げ、その活動内容は国際的に知られている。実体験を持ち、世界の第一線で行動する著名な活動家たちによる演説は、リアリティがあり、説得力を持ち、関心を惹きつける。

革命記念式典は、1949年から毎年開催されているKNUのイベントであり（この作品に映し出されているのは2009年の第60回式典）、KNUにとっては、カレンの一致団結を促すための、欠かせないものとなっている。難民キャンプで生まれ育った難民たちのアイデンティティの生成には、実際に、KNUメンバーたちの経験を聞き、カレンの歴史に触れることが関連している。

たとえば、ゾーヤの演説における「自由を得るため闘いつづけなければならない」、「世界中から大勢の方々が集まり（中略）我々カレンの民主化、人権、自由のための闘争を援助してくれる」闘いであるというメッセージは、聴衆に、戦闘はあくまで、敵からの攻撃からの防衛のためであり、自由を得るための正義の闘いである、という「闘い」の正当性（我々は闘いを望んでいるわけではないが、敵が望んでいるということ）を訴えるものである。このような式典における演説（語り）は、カレンに対し、闘うための使命感を促すことで、カレンの連帯意識を高めているともいえよう。(24) それは、以下のダラツゥの語りにも現れている。

僕のお兄ちゃんはKNLAの兵士だ。お兄ちゃんは、ビルマ国軍兵士に撃たれて怪我をした。だから、僕はビルマ国軍が嫌いだ。お兄ちゃんは、KNUのリーダーになって、カレンのために生きて行くことにした。お兄ちゃんは今、コートレーにいる。僕らは、ビルマにいられなくなって、難民キャンプにきた。前のキャンプにいた時、ＤＫＢＡが大砲を撃ってきた。だから、僕らはこのキャンプに逃げてきた。ビルマ国軍に言いたいことがある。もう、戦争はいやだ。お互い、戦いはもうやめようよ。一緒に仲良く暮らしたい。僕が兵士になったら、ビルマ軍を一つにする。そして、平和と愛のある国をつくりたい。兵士になったら、ビルマ人と仲良くする。でもビルマ人は、僕らのことが嫌いなんだ。カレン人も、一つにまとまらなくちゃ……。

次項では、ダラツゥが一日の大半を過ごす難民キャンプの小学校においては、子どもたちは、自らの民族に関してどのような知識を得ているのか。ダラツゥが通う教室における教育プログラムの内容や、子どもたちの会話に着目して考察してみよう。

## (2)　教育事情

カレン系難民キャンプには、KRCEEの管轄のもと、国際NGOやUNHCRの支援により、幼稚園から高校まで設置されている。現在、保育園63園、小学校29校、中学校10校、高校26校、高等教育機関10校が設置されている［シャンティ 2021a］。

学校には、80人の校長と1600人の教師、そして約3万4000人の生徒たちが学校へ通っている。また、カレンニー難民キャンプには11の学校が設置されている［Oh 2011］。

メーラ難民キャンプには、保育園22園、小学校（グレード1-4）16校、中学校（グレード5-6）3校、高校（グレード7-10）8校、高等教育機関が5校あり、約2万4000人の子どもたちが学校へ通っている（内、1039人がキャンプ内の寄宿舎に通っている）［Bjorklund 2021］(25)。ダラツゥが通う小学校は、1クラス、約30名の男女共学校である。女性と男性は左右に分かれて座る。教員も難民キャンプに暮らす難民たちで構成されているが、外部の者が教壇に立つ場合もある。その中には、ビルマ国内から逃れてきた者やNGO関係者なども含まれる[26]。

子どもたちは、平日朝8時から午後4時頃まで、一日の大半を過ごす。難民キャンプにおける学校などの教育現場において、机を並べる友人や教師たちとの関係性は、子どもたちの日常生活に大きな影響を与えている。カレン以外の子どもも含むクラスメートとの会話や、授業を通して、カレンに関する知識や情報を得ていく。

筆者が小学校を訪れたその日、ダラツゥのクラスでは、ちょうど、カレンの文化に関する授業が行われており、生徒たちが全員で声を合わせて下記の教科書の一文を読んでいた。

カレンの国旗は、ビルマが独立する前から、カレンのシンボルの旗として使われていました。しかし、ビルマ国軍により、カレンの国旗を立てることをさまざまなやり方で妨げられてきました。カレン国旗は今まで、カレン国や国境など、カレンの人々が住む所に立てられ、カレン国の象徴であり、カレンの国旗の影のもとに、カレンの国旗を掲げ、平和的に生きていきます。

カレンの歴史教科書に関しては、ほとんどの学校で、KNUによって提供されたソー・アウンフラ（Saw Aung Hla）によりスゴー・カレン文字で書かれた歴史書『プアカニョウ（カレン）の歴史』（*A History of the Pgakanyaw* = *A History of Karen*）（1939）が使用されている[27]。

また、難民キャンプでは、教科書などの文字媒体のみならず、VCD上映などビジュアルメディアによる授業も行われている。VCDには、英語のナレーションと、ビルマ語のキャプションしかついていないものが多いため、教員がVCDを観ながら、カレン語に同時通訳しながら、進められていく。カレン史の授業中には、第二次世界大戦中、ビルマへ侵攻した日本軍のドキュメンタリー映像のVCDも使用されており、映像とともに、解説のナレーションが英語で含まれていた。以下は、内容の一部抜粋したものである。

我々カレンはイギリス軍から見放されてしまいました。シッタンは、ラングーン（現ヤンゴン）侵攻の際に、大きな障害でした。3月8日、ラングーン首都は、陥落しました。1942年3月、イギリス軍はビルマからインドへ、撤退した。日本軍が首都ラングーンを占領しました。しかし、山と川に道が囲まれた困難な地形のため、イギリス軍は日本軍に攻撃をできませんでした。日本軍はタングーを支配し、イギリス軍の攻撃に備えました。イギリス軍は、タングーに侵攻するために、カレン州を渡りました。カレンは、日本軍とイギリス軍の闘いに、巻き込まれて行ったのです。

学校の敷地内には、カレンの国旗が掲げられ、教室内には、KNUの歴代の最高司令官など幹部者たちの写真が掲げられている。授業の終わりには、学校の敷地内全体にKNU歌（国家）が流れ、生徒も教師たちも一同起立し、教室内で写真に一礼し、国家斉唱する。

しかしながら、キャンプには、カレンをはじめとするモンやチンなど少数派民族のみならず、ビルマ政権下の生活から逃れてきたビルマ人の子どもたちも滞在し、一緒に机を並べて、授業を受けている。ポー・カレン語やビルマ語など、スゴー・カレン語以外を話す民族の子どもたちは、カレン語で書かれた教科書の内容を理解することが困難である。一方で、カレンの子どもたちがビルマ語を習得する機会も限られており、ビルマ語の読み書きができない難民たちがほとんどである(28)。

彼らは、お互いの「民族」をどのように意識しているのか、以下の『OUR LIFE』の一場面であるキャンプ内での教育現場でのカレン人とビルマ人の子どもたちの間で交わされている会話をシーンにみてみよう。

**［シーン3］小学校でのカレン人とビルマ人との会話**

カレン人生徒：僕たちがいつもイジメられて、嫌な思いをしていることを、ちゃんと伝えようぜ！僕たちは、ビルマの子どもたちにバカにされて、いつも喧嘩してるよ。

ビルマ人生徒：僕たちビルマ人も、ビルマ政府にいつもイジメられてるんだ。僕らも苦しんでいるんだ。ビルマ国軍は、僕らに力を与えたくないんだ。平等な権利を与えてくれない。

カレン人生徒：カレン人とビルマ人は仲良くできないよ。ビルマ人と友達になろうとしても、彼らは、いつも僕らをだますんだ。釣り針のようさ。こいつだって、大人になったら分かんないさ。ビルマ人はいつだって、僕らをイジメるんだから。もうウンザリだよ。

ビルマ人生徒：うん、ビルマ人はカレンの子どもをイジメる。でも、僕は違うよ。

カレン人生徒：カレン人は心が広いよ。でもビルマ人は、心がひねくれてるんだ。仲良くしたいと思ってるのに、ビルマ人は心を開かないんだ。ビルマに住んだら、ビルマ人にいつもイジメられちゃうよ。ビルマ政府は、僕らを支配したいんだ。

ビルマ人生徒：僕もビルマ政府（国軍政権）のやり方は汚いと思う。これじゃ、カレン人と仲良くできないよ。

発言しているのは、ダラツゥの学校のクラスメイトたちである。カレン人生徒たちのビルマ軍事政権への嫌悪感が、ビルマ人の子ども個人にも向けられてしまっていることが、この会話から明らかである。

また、カレン人の独立運動は、単なるカレン人とビルマ国軍との対立だけではなく、カレン人同士間にも、政治による人びとの分断が生じているという、複雑な側面を持っていることが、同時に、ビルマ人生徒の家族のカレン州における経験談のシーンから示唆されている。その分断に挟まれ居場所を失った難民たちが、今もキャンプで暮らしている。

ビルマ人少年（以下、エイ（仮名））は、カレン人の父とビルマ人の母を持つ少年で、幼い頃から両親の元を離れ、祖母の元で育てられた。12歳の時、ビルマ国軍の強制徴募から逃れるために、２００５年、母親が暮らすキャンプへやって来た。

エイの母親サイ（仮名）は、ビルマ国内生まれのビルマ人（ビルマ族）である。サイは、生まれたばかりのエイを祖母に預け、難民キャンプへと逃れてきた。ビルマ国軍兵士の前夫は、エイを妊娠中に行方をくらませ、家には戻らなかったという。サイは、エイを出産後、KNLAのカレン兵士と再婚した。しかし、同じくKNLAの兵士だった夫の弟がDKBA側にもついていたため、夫の父（サイの義父、エイの祖父）は、KNLAとDKBAとの間で板挟み状態だったという。戦闘中、義弟が誤ってDKBAの兵士を殺してしまうという事件があり、そのためビルマ国軍の怒りをかい、拷問にあった末に死んでしまった。義父は息子（サイの義弟）を亡くした後、18万チャット（1 MMK＝0.065 JPY、約1万2000円）の罰金を払い、解放され、その後、難民キャンプに逃れてきたという。また、身の危険を感じたサイは、エイを母の元に預け、2000年に義父が暮らす難民キャンプに逃れてきたという。

ビルマ国軍によって弾圧を受けてきたKNLAは、一方で、ビルマ国軍と協力関係をもつ、DKBAへの弾圧を行っている。一方で、難民キャンプには、エイの母親のように、カレン人と結婚したが、KNLAにもDKBAにも属しないビルマ人も暮らしている。

また、ダラツゥの教室での民族構成からも分かるように、難民キャンプでは、カレン人以外に、ビルマ人やその他の少数民族の人びとが暮らしている。キャンプ内の高等教育機関で、教育を受けるために、タイ国籍を持ったタイ系カレン人学生も増加しはじめることにより、難民キャンプは、多民族の人びとが交わる場となっている。そうした中、難民の子どもたちは、自らの立場と彼らとの間に差異を感じ、民族の相違への意識をより一層高めていく。また、難民キャンプでは、ミッション系スクールの開設で、教育を受けるものと受けられない者との教育格差も生じ始めている。次項では、高等教育機関における教育プログラムの内容を見ていこう。

### （3）キャンプ内での教育格差と民族意識

難民キャンプ内には、幼稚園から高校まで設置されている他、大学などの高等教育機関もある。メーラ難民キャンプには、高等教育機関が5校設置されているが、教育内容はそれぞれ異なる。(29) キリスト教団体の支援によって、ミッション系スクールも開設されている。

コートレー・カレンバプティスト聖教学校&大学（the Kawthoolei Karen Baptist Bible School and College 以下、KKBBSC）は、1990年以来、1000人近い学士を送り出してきた。[30] KKBBSCは、欧米人教師の他、キリスト教徒のカレン人などによって運営され、寮生活ができるようになっている。

難民キャンプには、欧米諸国や、タイをはじめとするアジア諸国のNGO団体職員や、免許を持つタイ人教員や外国人の英語教員などが頻繁に出入りしている。国境沿いの教育機関よりも、キャンプ内のKKBBSCのほうが教育内容や施設が充実していることもあり、難民以外のタイ国籍を持った少数民族の若者や、ビルマ国内に暮らすカレン人も、国境を越えてKKBBSCに通学している。

欧米のNGO団体の職員たちの他にも、タイ人の教師やキャンプ内外を自由に行き来することが可能なタイ国籍を持つタイ在住のカレン人たちも教壇に立っている。また、KKBBSCで教育を受け、欧米やインドなど国外の大学に留学し教育を受けた学生の中には、卒業後もKKBBSCに残り、自らが教師となって教育に携わっているカレン人もいる。その中には、国内避難民への物資支援や布教活動を行っている者もいる。また、KKBBSCは、戦闘で親を亡くし身寄りのない孤児の全寮制入学も受け入れている。

海外のバプテスト教会関係者などネットワークを広く持つKKBBSCには、外国人支援者の他、第三国定住したカレン人や亡命したKNU関係者などによる海外に暮らすカレン人など、さまざまな海外ルートを持つ。そうして得た支援金により、大学の運営のみならず、孤児の支援や国内避難民への援助活動など、さまざまな活動を展開している。

Horstmann は、タイ国境の難民キャンプが拠点となり、タイ・ビルマ国境地域にプロテスタント・ネットワークが形成され、タイとビルマ国内における越境通路が構築されていることを示唆している。また、コートレーというカレン難民にとっての「故郷」は物理的には、徐々に失われていったが、「故郷」という精神的観念や、ナショナル・アイデンティティは、難民キャンプにおいて、再生産されていると述べている［Horstmann 2011a, 2011b］。

では、KKBBSCや難民キャンプ内における建てられた教会施設における活動は、難民の子どもたちへどのような影響を与えているのか、ダラツゥの事例をみてみよう。

KKBBSCでは週末になるとさまざまなイベントが行われ、欧米人の宣教師なども訪れる。イベントでは、宣教師による説教後、西洋楽器の演奏やコーラスなど、さまざまなパフォーマンスが披露され、昼食も用意される。ダラツゥも友人たちに誘われ、KKBBSCのイベントに足を運ぶようになる。また、それまで両親やきょうだいたちと仏教のお寺に通い、民族楽器を弾いていたダラツゥは、ギターを弾くようになり、西洋の音楽などにも触れるようになった。

そしてダラツゥは、中学へ進学する頃になると、改宗し、週末には家の近所に建てられたキリスト（バプテスト）教会へ通うようになった。仏教徒のカレン人がクリスチャンに改宗する理由はさまざまだが、信仰上や価値観などの理由以外にも、教育の機会や、イベント行事などへの参加など、生活の質の向上を求めて、あるいは居場所を見つけるために、教会へ通いはじめる若者たちも少なくない。

しかし、KKBBSCに誰もが入学できるわけではない。中学を卒業したダラツゥは、その後、高校には通わず、家で過ごすことが多くなっていった(31)。前述のエイも、小学校を卒業後、中学校に入学したが、家計の事情で学校を中退すると同時に出家し、親元を離れ難民キャンプの仏教の僧院で暮らしはじめた(32)。

ダラツゥやエイのように、高校へ進学しない者、または、進学が出来ずに学校を離れ、難民キャンプの中での自分の居場所を失っていく難民は少なくない。難民キャンプでは、高校までは無償で教育が受けられるが、大学に進学できない子どもたちは、高校卒業後に働く場所がない。行き場を失った子どもたちの中には、アルコール中毒になったり、麻薬に手をつけてしまう者もいる。キャンプの状況を熟知しているダラツゥの母の不安な心境が以下の母の語りに現れているだろう。

［シーン4］ダラッゥの母の語り

河で水浴びしてはダメって、子どもたちにいつも言ってるのに。河を渡っては絶対ダメって。地雷が埋まっているかもしれないから。でもあの子は、「行かないから、心配しないで」って。私たちは、いつも心配させられてるわ。子どもたちがどうやって生きていくか、とっても心配なの。私たちには、何もしてあげることができないから。他の国にも行きたくないって言うし……。子どもたちが喧嘩をして、怪我をしないか心配なの。薬物にも手を出さないかとハラハラしてるわ。夜9時までには帰ってくるように言っているけれども。私たちが死んだ後、子どもたちはどうやって生きていけばいいの？　生きている間しか、面倒見て上げられないのに。

学校という居場所を失い、職も得られない状態で思春期を迎えたダラッゥの関心は、次第に難民キャンプの外へと向かい、母親にタイIDを購入するためのお金をねだるようになる。

ダラッゥのように、それまで、難民キャンプの世界が世界の全てであった難民キャンプ生まれの子どもたちは、難民キャンプ内という特定の状況下で、家族や友人からの直接伝達による経験談や伝統行事や学校教育を通して、「カレン」の民族意識を生成しているという側面もある。

一方で、難民たちは、教育（内容のみならずそうした機関の場での他者との出会い）を通して、主体的に情報を選択・処理する能力を養い、自らがおかれている世界を理解しはじめてもいる。同時に、難民キャンプ内に出入りしている外国人のNGO職員や宣教師との出会いや、他民族や外部者たちとの出会いも、難民の日常生活における価値観の変容に影響をあたえている。

さらに、2010年頃から、インターネットの流通やスマートフォンの普及が広まり、難民たちは、ソーシャルメディアに接触する機会を持つようになっていく。そして、SNSアカウントを手にしたカレンの若者たちは、情報社会の中に身をおき、主体的に情報を選択・発信し、さらにはカレンコミュニティをネット上で形成していくようになる。

次節では、メディアの越境と市場経済の流入が難民キャンプの日常生活にどのように影響をあたえはじめたのか、みてみよう。

## 4 越境するメディアと市場経済の流入（生存基盤の変容）

筆者がメーラ難民キャンプ内での撮影を開始した２００８年当時のダラツゥ家には、両親、２人の兄（三男・22歳、五男・17歳）、姉（長女・20歳）とダラツゥの６人が一緒に暮らしていた。竹と萱葺屋根でできた家は、囲炉裏、大部屋、そして両親の部屋の３部屋に区切られていた。大部屋には、何も置かれてはいなかった。しかし、２００９年には、自家用発電ジェネレータ（一カ月約１０００～１５００バーツで発電機を使用が可）が家に設置され、ＴＶやＶＣＤ再生機なども購入された。

それまで、キャンプの中に建てられた映画館でＶＣＤを３バーツで鑑賞していた難民たちは、自宅で海外の映画やドラマやミュージックビデオなど、自分たちが選択したＶＣＤを観賞できるようになった。キャンプ内では、ＶＣＤが一枚20バーツ程で手に入った。ビルマの映画やタイの映画など、タイ国内で販売されているほとんど変わらない種類の製品がキャンプ内で販売されるようになった。

モノが何も置かれていない居間で家族が雑魚寝をしながら雑談していたダラツゥ家の時空間は、ＴＶや電気器具、そして電化製品を置く棚などが作られ、物に囲まれた空間へと変容していった。メーラ難民キャンプは、市内へのアクセスが容易であることもあり、他の難民キャンプに比べ、市場経済の影響を受けやすい。

加えて、ＮＧＯ団体などの活動も活発に行われているため、難民が雇用されているケースも少なくない。キャンプ内ではＮＧＯなどでの仕事、セキュリティ、教育関係、キャンプ内で販売する商品生産などの仕事がある。このうち、教育関係（学校の教師など）では、カレン難民キャンプ７カ所において約２０００人を雇用していることもあり、最大の雇用先の一つとなっている［Oh 2011］。[33] 前節では、ＫＫＢＢＳＣを事例に、教育格差にふれたが、こうした教育格差は、難民の所得格差にもつながっている。

このような難民キャンプの変容の背景の一つに、タイ政府が２００５年に開始した第三国定住制度がある。本制度がタイ国内で行われはじめた２００５年から２０１８年までに、約10万人の難民がアメリカをはじめ、オーストラリアやカナダ、欧州などへ移住した［UNHCR 2018］。

２０００年代後半になると、第三国へ定住した第一陣のカレン人たちによる難民キャンプに暮らす家族や親戚などへの送金がはじまったため、生存基盤のありようが、変化していった。また、携帯電話が一台約８００〜２０００バーツ（約２４００〜６０００円）という価格で大量に流通し、中古品なども安く買えるようになったため、携帯電話を持つ家庭が急増した。海外との通信が頻繁に行われるようになり、情報が一気に入り込んできたことで、難民たちの日常生活空間が少しずつ変容していった。

それまでの難民たちの情報源は、ラジオや、内戦下の紛争に関する映像（ＫＮＵによって作成され難民キャンプの学校などでＶＣＤが配布されている）などが主だった。ラジオや学校での授業で流される映像を通して、難民たちは、タイやビルマのニュースや周辺諸国の情報を得ていた。しかしダラツゥ家でも、アメリカへ渡航した兄たちからの仕送りで携帯電話を購入すると、その兄たちと毎日のように連絡を取り合うようになり、アメリカでの生活の様子が詳細にキャンプへ入ってくるようになった。

難民キャンプでは、インターネットカフェや携帯電話ショップなどもオープンし、メールアカウントを持つ者も増えていった。こうして、携帯電話のみならず、ＰＣ上での通信を通して、タイやビルマ国内外からの情報がリアルタイムで一気にキャンプに入るようになった。加えて、ＮＧＯなどがYouTubeで映像配信を始めるようになると、ネット上の情報がビジュアル化しはじめていった。[34]

難民たちは、第三国定住先から発信されるYouTubeによる動画と、ＦＢやInstagramにあげられる写真などを通して、難民キャンプとは全く違う世界に触れていった。同時に、ビルマ国内やタイ＝ビルマ国境地域から発せられる情報も独自に入手し、祖国の現状も把握できるようになった。そして、2010年代後半に入ると、スマートフォンの普及により、難民たちは、SNSを通してネットワークを広げながら、自らが情報を発信する者となっていった。

このように、最初はラジオのニュースや音楽番組など一方的な情報の受け手だった難民たちは、新たなメディアのツールを獲得することで、主体的に情報を取捨選択し、情報を自ら発信していく者となっていった。

さらに、SNSを通したつながりは、ビルマ国内状況を少しずつ変化させていき、ビルマの政治状況をも変化させていった。そして、ビルマ国内の変化は、ダラツゥの難民キャンプにおける日常にも影響を与えていくようになった。

かつて、難民キャンプに留まりカレン兵士になりたい、と言っていたダラツゥは、ついに、難民キャンプ、そして親元を離れ、第三国定住へと向かう決断を下すことになる。

## 5　ビルマの民主化とダラツゥの決断

2011月3月、ビルマでは、民政移管が行われた。タンシュエが引退してテインセイン政権が発足し、ビルマの民主化が一気に進んでいった。テインセイン大統領は、2010年に自宅軟禁を解放された民主化運動指導者のアウンサンスーチーの政治活動を承認したばかりでなく、政治犯の釈放などを進めていった。また市場経済の活性化や、少数民族武装勢力との衝突の終結にも取り組んだ。

ビルマで民政移管が行われ、テインセインにより改革が進められた要因はいくつかあげられる[35]が、ビルマ政治学者の中西嘉宏は、選挙の公平性を促したソーシャルメディアの存在も、民主化が進められた要因の一つであるとしている［中西 2020：141］。2000年代、閲覧が禁止されているウェブサイトは500以上あり、書籍や雑誌などには検閲があり、政治的な表現は制限されていた。2012年8月、検閲が廃止され、2013年以降、民間メディアの参入が進んでいった。ビルマ政府により独占されていたインターネットなどの通信事業も、国内外の企業に新規のライセンスが発行され、携帯電話やSIMカードの値段が下がり、市場に出回るようになった［中西 2020：127］(36)。

また、ビデオカメラの小型化というテクノロジーの存在も背景にあるだろう。2007年には、燃料の価格高騰が引き金となり、反政府デモ（サフラン革命）が起きたが、再び軍政により弾圧され、31人もの死者を出した。しかし、この2007年の大規模なデモの様子は、ビルマ人のビデオジャーナリストたちの小型カメラで撮影された映像が国外へ配信され、世間の関心がビルマへと向くようになった。それまで、情報統制下、閉ざされていたビルマ国内情勢の様子が、小型ビデオカメラにより世界に伝わりはじめたことで、ビルマ国内情勢が少しずつ変容していった。

2009年には、デンマーク人のアナス・オステルガード監督がまとめ制作されたドキュメンタリー映画『ビルマVJ――消された革命』（原題：*Burma VJ: Reporting from a Closed Country*）が公開され、国際映画祭などで上映された(37)。本作では、ビルマ人ビデオジャーナリストが小型のハンディビデオカメラを駆使し、デモの様子が撮影された映像が多用されている。この映像は、映画に使用されたばかりでなく、インターネットで海外を経由し、CNNなどの国際メディアを通して、その映像が世界へ配信された。日本人ジャーナリスト長井健司氏が殺害された現場など、衝撃的な映像が収められている(38)。

2010年代に入ると、スマートフォンの流通により、一般市民により撮影された映像が、SNSなどで配信されはじめる（そして、2021年2月のクーデターおよびデモの様子が拡散されていくことにもつながった）。その後、2010年11月に、20年ぶりに総選挙が行われた。しかし、2008年に制定された新憲法の規定を不服としたNLDは、選挙をボイコットし、その結果、軍政が全面的に支援する連邦団結発展党（Union Solidarity and Development Party: USDP）が圧勝した。選挙後、自宅軟禁されていたアウンサンスーチーは解放されたが、軍政政治が継続された［工藤 2012］。

ビルマの民主化が進む中、ビルマ中央政権とKNUによる和平交渉も進み、2012月1月、停戦協定が結ばれ、60年以上にもわたり続いていた内戦は終結へと向かいはじめた。これまで一度も停戦に応じなかったKNUが和平に応じたのは、長期化する国軍との対立と内部対立、資金的な問題も背景にあったが、政府側が提示した条件が柔軟だったこと（戦闘部隊維持など）が背景にある［五十嵐 2015］。

一方で、こうしたビルマ国内の動きにともない、難民キャンプで活動していた国際NGO団体の一部は、ビルマ国内支援へとシフトしはじめ、難民への支援額も減少していった。そして、2012年、アメリカのオバマ大統領がビルマを訪問し、経済制裁の解除と、アメリカが2005年から行っていた第三国定住の新規申請募集を2013年度で終了することを発表した。難民の本国帰還のうわさも、2012年頃からキャンプへ出回りはじめた。

2013年度内に申請しないと、アメリカへ第三国定住する機会を失い、ビルマ国内へ帰還させられる可能性が高まる。こうして、難民キャンプをめぐる情勢が揺らぐ中、第三国定住で難民キャンプを離れる若者たちが増加した。民政移管後も、難民たちの国軍への恐怖心はすぐには解けることはなかった。ダラツゥをはじめ、筆者がインタビューした難民の多くが、ビルマが民主化したかどうか、まだ分からない、しばらく様子をみたい、と語った。

難民キャンプとビルマ国内の生活や文化の違いも、難民が第三国定住を選択する要因の一つだった。ビルマ語が話せないカレン人たちにとって、ビルマ国内で選択できる仕事は限られている。ビルマ国内で生まれ育った親世代とは違い、難民キャンプ生まれの子どもたちは、農業の技術を身に着けているわけでもない。子どもたちは国境をこえて、両親の生まれ故郷を訪れることができないわけではないが、そこでの生活が難民キャンプのそれとあまりに違うこと知ったことがきっかけで、第三国定住を決意した者もいる。また、両親の勧めで第三国定住を決断する子どもたちや、先に第三国定住した、きょうだいから情報を得ながら、自ら決断する子どもたちもいた。

アメリカによる、ビルマ難民の第三国定住への集団募集が2013年で終了するという情報は、ダラツゥが暮らすメーラ難民キャンプにも入ってきていた。年内に申請しないと、永遠にアメリカへ渡ることはできなくなり、ビルマに帰還することになる。難民キャンプをめぐる情勢が揺らぐ中、ダラツゥは自分の将来を真剣に考えはじめた。

そうした中、ダラツゥの兄、五男のレーダ（22歳）がアメリカへの第三国定住を決意し、2011年に難民キャンプを離れていった。幼い頃から時間をともに過ごしていた兄や友人たちが次々に、第三国定住を決断し、難民キャンプを離れることで、サッカーやタクローなどを共にする友人たちも減っていった。第三国定住申請許可を待ちつつ、遊び時間を削って英語の習得に精を出す同級生たちも少なくなかった。

また、前述したように、スマートフォンの普及率が高くなり、国外や第三国定住地での生活の様子が、難民キャンプへダイレクトに入るようになっていた。

ダラツゥが、自分が自由に動きをとれない身であることを認識しはじめ、タイIDを母親にねだりはじめるのもこの頃からだった。さらに、長女のノレが2010年にドゥという男と結婚し、ダラツゥ家の家族構成や家族の役割が大きく変化した。母方居住形態であるカレン社会では、姉夫妻が両親と同居していたが、翌年には、長男ダジャイが生まれ、一家の生活はこのダジャイが中心となった。

家族構成の変化にともない、部屋の配置も変化した。部屋の中に壁が作られ、ダラツゥの両親、姉夫妻用の寝室、そして、ダラツゥの寝室も作られ、家の空間に仕切りができた。姉は育児に時間を割くようになり、ダラツゥが、姉の代わりに両親の世話や家事をこなすようになり、時には甥の世話もした。家の中でギターの練習に時間を割くことは難しくなった。

ノレの夫ドゥはタイ生まれのカレンで、難民とタイIDの両方を持つ。農繁期には、キャンプ近くに暮らす農業を営む親戚の家で住み込みながら、仕事を手伝っていた。週末には家に戻るドゥが、タイでの生活の様子や情報をダラツゥの耳に入れるようになり、ダラツゥは増々、キャンプの外の世界へと関心が高まっていった。

2012年10月、ダラツゥは、第三国定住を決意した。以下は、決意した時のダラツゥの語りである。

［シーン5］

ダラツゥ：アメリカへいくことに決めたよ。学校へ行って勉強をして、色々新しい経験を積むために、第三国定住することにした。まずは、学校へ行って英語を習って、アメリカの文化やルールを学びたい。アメリカへ行った友だちはみんな英語を話せるようになったよ。僕も英語を話せるようになるよ。だから僕はアメリカに夢を託すよ。教育を受けて経験をたくさん積むために旅立つよ。

アメリカで教育を受け、自分の夢をかなえたい、という思いからの決断だった。「教育を受けられる」という言葉がどれだけ難民たちに希望を与えるものか、彼の語りからみえてくる。

第三国定住申請した翌年の2012年12月末、ダラツゥは、難民キャンプに残る両親の元を離れ、一人、アメリカへ渡っていった。果たしてアメリカでは、難民キャンプで得られなかったものを得られるようになったのだろうか。ダラツゥの日常生活が、第三国定住後、どのように変化したのか、あるいは維持されたのか。また、難民キャンプとはどのようにしてつながりを持ち続けているのか。次章では、ダラツゥのアメリカでの日常を考察してみよう。

## 6 難民キャンプの日常を撮る視点

本章では、難民キャンプの日常実践に着目して、教育・メディア・市場経済の越境が、難民キャンプの日常生活にどのような変容をもたらし、また難民たちは、どのように関わり合いながら生きているのか観察した。そして、難民キャンプの変容がダラツゥの日常にどのような影響を与えたのか、ダラツゥの日常を通して、どのように人と人との関係性が形成されているのかを、ドキュメンタリー映画の場面分析を通して考察した。

本章の最後に、第一章の映像から、明らかになったことをまとめてみよう。

一見、タイの村と変わりのない難民キャンプの日常生活だが、ダラツゥの両親が生まれ育った故郷ビルマ国カレン州の生活とは大きく異なる。農民だった彼らにとって、難民キャンプでの配給生活に頼らざるをえない生活は、日常におけるさまざまな選択肢が奪われているということであり、非日常を生きるということである。

一方で、難民キャンプで生まれ育ったダラツゥにとっては、その非日常が、日常でもある。難民キャンプでは、子どもたちが教育を受けられる場や、本を自由に読める場があり、配給された材料で食事を作り共に食べる時間と場がある。難民たちは、キャンプ内での限られた場の中でコミュニティを形成しながら生活を送り続けていた。そのため、キャンプ全体には生活感が漂っていた。それは、閉じられた中でも、教育支援活動や難民自身による自助組織など、難民たちが自主的に活動できる場がキャンプ内に設けられているからだろう。

難民キャンプで生まれ育ち、故地を知らないダラツゥのような子どもたちの民族意識形成には、さまざまな要因が関わっている。難民キャンプの日々の暮らしの中で「カレン」のアイデンティティと同時に、自身が「難民」であるというアイデンティティも同時に形成している(39)。

難民キャンプ生まれの子どもたちは、まず、家族から戦争体験を聞くことで、故地の状況を知る。両親がなぜ、難民キャンプへ逃げてきたのかを直に聞くことによって、自らのルーツを知る。また、難民キャンプ内に設置された学校における教育においても、文化や歴史を学んでいく。難民キャンプの学校では、他民族の難民も授業を受けており、授業後の会話などを通して、多様な視点から自民族意識を形成していく。

また、休日などに開催されるカレンの祭典では、伝統行事や民族独立運動を続ける兵士たちや、外国で教育を受け亡命生活を送るカレン亡命者などが参加し、子どもたちはカレンのさまざまな伝統文化や歴史に触れる。これも、自らのアイデンティティ形成に関わる要因になる。

しかし、2000年代後半、メーラ難民キャンプに設置されているインターネットや、市場経済の影響でスマートフォンも普及することによって、キャンプ内で得た情報により生成されていた個の記憶は、メディア映像のイメージが交わりながら生成されていった。

ダラツゥは、カレンの伝統的な儀式や学校教育のみならず、さまざまなメディアを介して情報を得、自らの立場や状況を理解していく中で、アイデンティティを形成し、自己と世界の間に境界線をつくりはじめた。

さらに、難民キャンプ内にクリスチャン系の大学が設置されることで、教会での活動に参加しはじめ、改宗する子どもたちも増加した。大学には、タイ国内から通う学生も現れ、そこでは、トランスナショナルな場が形成されていった。

また、難民の中には、クリスチャン系の大学へ進学し、NGO機関や教育現場などで働く者もあらわれたが、教育を受ける者と受けられない者が現れることで、教育格差が生じはじめた。さらに、第三国定住制度によりアメリカなどへ移住した者からの送金がはじまり、持つものと持たざる者との間の経済格差が出てきた。このような教育格差と経済格差により、難民キャンプは少しずつ変容していった。

こうした、難民の個や日常に焦点をあてた映像による観察は、「カレン」や「難民」という枠組みが、日常の場面や関係性の中でどのように立ち現れるかを捉えていた。そして、市場経済の流入により難民キャンプという空間が変容し、難民の生き様に影響をあたえている様子も捉えていた。

さて、ダラツゥの日常は第三国定住後、どのように変化していったのか。次章では、ドキュメンタリー制作を通したダラツゥの越境の動態と、それを撮る視点に関して考察する。

## 注

（1）The 2019 Inter-censal Survey The Union Report（https://dop.gov.mm/en/　２０２１年12月1日最終アクセス）。

（2）本書では、一般に民族集団を示す「族」を用いない。また国民を指す「人」の表記もカレンには使用しないが、ビルマ国家名と混同しないよう、国民としての民族と民族集団を区別する必要がある際には、「人」を使用する。

（3）タイ国内には、難民キャンプ内へ逃れてきたビルマ系カレン以外に、北タイを中心に、44万人のタイの少数民族であるカレンが暮らす（２００２年時点）。１７７５年にビルマ国内での内乱から逃れたカレンがそのはじまりであると言われている［速水 2009：55-56］。

（4）この対立の背景には、１８８６年以降のイギリス植民地政策下の分割統治政策において、カレンが、警察及び軍人として徴用されていたことが問題の発端という説があるが、ビルマ史学者の池田一人は、仏教徒のカレンの人びとが「カレン」を意識しはじめたのは、１９４０年代の日本占領期時代冒頭のカレンとビルマ民族間の対戦からはじまったことであり、ビルマの民族問題は、戦後のビルマ民族主義中心主義的な体制の下で発生した問題であると述べている［池田 2008：21］。また、ビルマ中央政権政府とカレン武装勢力との対立の背景には、英領時代、カレン州においては、宣教師の布教活動が盛んであり、精霊信仰からキリスト教へ改宗したことにより、キリスト教徒を中心に民族意識が醸成された側面があることも指摘されている［土佐 2012］。

（5）１９６８年には、ＫＮＵの軍事部門として、武装組織カレン民族解放戦線（Karen National Liberation Army 以下、ＫＮＬＡ）が設立された。

（6）ＫＮＵの総司令部のマナプロウは、全ビルマ学生民主戦線（ABSDF＝All Buram Students Defense Force）とＮＤＦの避難先ともなっていた。１９９０年、ＮＤＦとＡＳＤＦが、ビルマ民主連合（DAB＝Democratic Alliance of Burma）を結成し、同年の選挙で選ばれたＮＬＤの議員と一部がＤＡＢと合流し、ビルマ連邦公民連合政府（NCGUB＝National Coalition of Government of Union of Burma）暫定政府を立てた［宇田 2010］。

（7）２０２１年３月下旬には死者数が５００人を超えた。２０２４年８月時点の死者数は、市民側５、４７２人である。また拘束者数は、２万７１４１人となっている（政治犯支援協会（Assistance Association for Political Prisoners (Burma)、以下、ＡＡＰ　https://aappb.org/　２０２４年８月４日最終アクセス）。なお、国軍兵士の死者数も７７０人となっている（２０２１年10月時点）。

（8）ＫＮＵが3月27日に国軍の拠点を攻撃したとの理由で、3月28日に国軍が報復攻撃としてＫＮＵの支配下にある地域を空爆した。Ethnic Armed Organizations（EAOs）によると、６名（Htee Fado 村 in Saw Hti township, Nyaunglebin District, バ

### 表1-4 難民キャンプ内での配給

| 年齢グループ | 米 | 食用油 | エンドウ豆 | 大豆（魚醤なし） | 魚醤 | Asi-aREMix | 塩 |
|---|---|---|---|---|---|---|---|
| 6か月〜5才以下 | 6kg | 0.5L | 0.5kg | 0.6kg | 0.5kg | 1kg | 167g |
| 5才〜17才 | 7kg/11kg・13.5kg | 0.5L/1L | 1kg | 1.2kg | 0.5kg | 1kg | 167g |
| 大人 | 9kg/11kg・13.5kg | 0.5L/0.5L・1L | 1kg | 1.2kg | 0.5kg | 0kg | 167g |

出典：TBC［2018］を基に筆者作成.

ゴー地域）が殺害され，パアンのKhat Pe Khee村の家が放火された（参照：AAAP，2021年11月24日最終アクセス）。

(9)「ミッジマ」「ビルマ民主の声（DVB）」「ミャンマー・ナウ」「キット・ティット」「セブンデー」の5社（参照：NNAアジア経済ニュースHP：https://www.nna.jp/news/show/2162082　2022年1月22日最終アクセス）。

(10) BBC HP（https://www.bbc.com/japanese/59723152　2022年1月22日最終アクセス）。

(11) カレン難民キャンプ（メーラ，メーラウー，メーラマルアン，ウンピャマイ，ヌポ，バーンドンヤン，タムヒンの7カ月），カレンニー難民キャンプ（メースリン，ナイソーイの2カ所）。

(12) キリスト教51%，上座仏教36%，イスラム教8%，アニミズム5%の割合である［UN-HCR 2020］。

(13) フードカード導入以前は，現物の配給制であった。キャンプで配布される主な食糧の一人分の分量は2018年当時は，**表1-4**の通り。

(14) カレン出身のシンシア医師により国境に開設された診療所。無料で診療が受けられる。海外からボランティア活動に参加する欧米人や日本人などが，現地スタッフとともに働いている。日本でもメータオ・クリニック支援の会（JAM）が2008年に発足され，日本人医師や看護師などがタイ国内へ派遣されている。

(15) 難民以外の外部者のキャンプへの出入りは基本的に許可されていない。NGO関係者など，タイ政府からの許可証明書を得た一部の者に限り，許されているが，午前6時〜午後6時の間に限られており，キャンプ内での宿泊は禁止されている。約100人近い国境警備隊が見張り役として配置され，難民キャンプは，有刺鉄線で作られた柵で囲まれている［Horstmann 2011b］。

(16) 給水に関しては，表層水や地下水源から供給されている。飲用水に関しては，NGOにより，共同の水場で，既定された時間に配給されている。非飲料水は，地下水をくみ上げるポンプ施設が、設置されている［シャンティ 2021a］。

（17）カレンの人びとにとって、家の中で台所（炉）の空間が重要な要素を持つ。タイ北部に暮らすカレン社会を長年にわたり調査している速水は、「食」は、社会における関係性を表し規定する「社会生活の核」であると述べている。［速水 2009：117, 146］。このような文化は、難民キャンプにおけるカレンの生活にも共通するものであるといえよう。

（18）東南アジアで普及している毬をけるスポーツ。足を使って行うバレーボールのような球技。

（19）難民キャンプには、シャンティ国際ボランティア会（Shati-Volumteer-Association、以下、シャンティ）が運営する図書館が設置されている。難民キャンプにおいては、図書館建設及び絵本活動を通した教育活動を行っている。日本で唯一、タイ・ミャンマー国境における難民キャンプの支援活動をしている団体でもある。筆者がダラツゥと出会ったのもこの図書館だった（活動内容詳細は第3章を参照）。

（20）キャンプでは、２００4年12月～２００5年2月におけてタイ政府とＵＮＨＣＲによる難民登録作業が行われた。その際、キャンプに不在だった者には、難民登録番号が付与されなかった（その後、タイ政府は、新たな申請は認めておらず、新たな登録作業が行われていないため、２００5年以降は、国連番号を取得できない状況である）。当時のタクシン政権下においては、ビルマ反政府運動家たちの取り締まりや不法滞在者たちの強制送還などが強化された。一方で、外国人労働者の受け入れに関しては、経済促進のため、推進していく方針をとられ、登録書をもたないビルマからの労働者へ登録を促し、不法就労者の合法化が進められていた［久保 2009, 2014］。タイの難民政策に関しては、久保［2009, 2014a］に詳しいので参照して頂きたい。

（21）独立記念式典は、ＫＮＵの総司令部があった、マナプロウで行われていたが、１９９5年1月陥没後、１９９6年からは、第7団司令部での開催へとなった。

（22）カレンの人びとは、自らの土地をコートレー（花咲く大地）と名付けている。コートレーが、文献に初めて登場したのは、１９４7年である。Saw Tha Din によると、「花咲く大地」と訳されるが、「古い土地」という象徴的なものであり、地理的領域を指しているのではなく象徴的な空間であり、相互に連結された土地ではないと、Gravers は述べている［Gravers 2007：245］。

（23）IRRAWADDY（https://www2.irrawaddy.com/article.php?art_id=15045　２０２1年11月26日最終アクセス）。

（24）ゾーヤが演説中に強調する「闘い」は、たとえ、それが、非暴力手段による「抵抗」であったとしても、平和的な紛争の解決手段であるとは言い難いと筆者は考える。国際政治学者である田中宏明［2001］は、ロバート・バローズが提起するジーン・シャープの提唱した「非暴力的抵抗＝市民に基づく防衛」に関する3つの問題点（「第一に、それが有効な手段とするサボタージュは、「暴力の一形態」であり、平和という目的と両立しない。第二に、それは、「勝ち負け」の考えに囚われて、相手を苦しめ侵略者を負かすことが目標となり、そのニーズを満たすことの重要性を認識していない。それゆえに、第三に、それは、相手側を否定的にみる非人間化に導く」」を引用し、「市民に基づく防衛は、それがたとえ有効に機能したとしても、平和的でニーズを満たすという意味での非暴力ではない。」と述べている［田中 2001：138］。

(25) その他、カレン女性機構 Karen Women's Organization（KWO）（World Education/Consortium（WE/C）and ZOA の協力のもと）により、障害を持った子どもたちへの特殊教育学校が2校開校されている。また、２００６年より、タイ政府により、難民キャンプ内での職業訓練や一部の教育が許可され、ＵＮＨＣＲにより、職業訓練（整備士、鍛冶屋、パン職人、音楽、縫製、籠細工、コンロ作成など）、スポーツトレーニング支援などが行われている［Oh & M Van der Stouwe 2008］。その他、成人識字教育や夜間学校などがある。

(26) メーラ難民キャンプにおける教師数は２９４名であり、給与は１０３０バーツから始まる。クリスチャン系の学校においては、１５００～５０００バーツと、学歴や実務経験によって決定される［２０２２年９月23日のシャンティへの聞き取り調査より］。

(27) 近年においては、タイの教育省が、難民キャンプで教育支援活動を行っている国際ＮＧＯとともに、（タイの国家安全保障にリスクをもたらすかもしれないという懸念のもと）、数学や英語、科学などの主要科目をおけるコアカリキュラムを作成している［Bjorklund 2021］。

(28) 前述のシャンティは、ビルマ語で読める絵本を提供したり、難民キャンプ内でアジア子ども文化祭を開催し、各民族が一同に集まり、それぞれが民族衣装をまとい踊りを披露する機会を設けたりするなど、民族間の交流の場の提供を行い、多民族の共生へとつなげる活動が行われている（子ども文化祭は２００９～２０１５年まで開催された）。

(29) メーラ難民キャンプには、以下の高等教育機関が設置されている。
①Pu Taw Memorial Junior College（ＰＴＭＪＣ：プータオ記念ジュニアカレッジ）：４年制大学、学生数１８１名、教師数24名。ＫＲＣＥＥ（Karen Refugee Committee-Education Entity…カレン難民教育委員部会）によって開校されている（https://krceeuk.wordpress.com/　２０２４年9月18日最終アクセス）。
②ＳＡＬＣ（Shalom Arts and Leadership Collge＝旧 Leadership and Management Course）：４年制大学。１９９９年 Karen Youth Organisation（KYO）によって開設された。学生数１０９名、教師数13名。大学では、英語をはじめ、歴史や社会学、国際安全保障、法律、リーダーシップ、コンピューターの講義がある。多くの卒業生が卒業後、教師となる。また、ＮＧＯ機関などで働いたり、第三国定住する者が多い（https://krceeuk.wordpress.com/　２０２４年9月18日最終アクセス）。入学金は７０００バーツであるが、寮生活希望者は、１万バーツを支払う必要がある。

③ The Kawthoolei Karen Baptist Bible School and College（以下、ＫＢＢＳＣ：コートレー・カレン・バプテスト聖教大学）（注38を参照）入学金は５５００バーツであるが、寮生活希望者は、６０００バーツを支払う必要がある［シャンティへの聞き取り調査より２０２２年9月23日］。

（30）ＫＢＢＳＣは、１９８３年に、カレン州パアンのHtee Ka Haw村にBible School（バイブル学校）として設立されたが、その後、内戦が激しくなり、１９９０年にメーラ難民キャンプへ移設し、ＫＢＢＳＣへと改名した。Bachelar of Theological Studies（BTS）and the Bachelor of Arts（Liberal Arts - BA）が取得できる。２０１４年の統計では、約４００名の学生と約30名の教師が在籍している［Thansrithong & Buadaeng 2018］。

（31）Ohによると、調査対象者の（２１３０人）の内27・4％（５８３人）の親が、子どもが中退したと答えている。結婚（30％）、家計（17・2％）、家庭問題（9・3％）、子どもの不登校（勉強を続けたくない）9・1％、家族を養うための労働（8％）が中退した理由であった［Oh 2011］。女子よりも男子の方が、中退率が高く、女子の中退の主な理由は、妊娠や結婚が主であった［Oh & Van der Stouwe 2008］。

（32）エイのように、難民キャンプに建てられた僧院で生活を送っている事例も少なくない。僧院は、難民キャンプに身寄りがいない子どもたちの居場所にもなっている。

（33）Leeは、タイ・ビルマ国境におけるタイ政府の方針と帰還の関係性に関する長期的な調査から、それらの関係性の変容過程を１９８４～１９９５年、１９９５～２００５年、２００５～２０１１年の３つの時期に別け分析した。そして、２００５年以降、タイ政府が、安全保障から経済政策に重点をおくようになり、その政策が、難民の生活向上に影響したことを明らかにしている。さらに、ホスト国政府と国際援助機関の関係が安全保障と経済対策に影響をうけることで、その関係性の変容が、難民キャンプの日常生活の変容にもつながっていたと述べている。［Lee 2014］。

（34）ＴＢＣのYouTube（https://www.youtube.com/channel/UCRy4VF4tReMOuOPG_ahhdwg/videos　２０２２年1月22日最終アクセス）。

（35）民政移管が行われた要因として、中西は、以下の4点を挙げている。第一に、軍事政権は正当性に大きな問題を抱えていたこと、第二に、２００８年に成立した新憲法で、国軍の独立性や権限が保障されていたこと、第三に、テインセイン大統領が積極的であったこと、最後に、アメリカによる中国の影響力を抑制するための政策の影響を受けたことである［中西 2021：107-108］。

（36）一方で、中西は、ソーシャルメディアの利用がミャンマーの民主化をもたらすのみでなく、ミャンマーの民主化を停滞させる要因となっていることを指摘している。ヘイトスピーチやフェイクニュースなど表現の自由の負の側面に対する法律や施策などのミャンマー政府の対応が不充分であることなどを指摘している［中西 2020］。

(37) 本作は、1992年に設立されたノルウェー・オスロに本部を置くビルマ民主の声（Democratic Voice of Burma: DVB）という放送局に所属するビデオ・ジャーナリストたちによって撮影された映像が多用されている。DVBは、民政移管後の翌年2012年よりミャンマー国内でも放送が開始されたが、2021年3月、放送権を剝奪されたが、ウェブページ上で、国内や国境で撮影されたニュース動画配信を、継続している（http://english.dvb.no/　2022年1月22日最終アクセス）。

(38) それ以前にもNHK特集において1988年の民主化運動下、市民によって撮影されたデモおよび国軍による弾圧の様子の映像をまとめた「戒厳令下のラングーン」という45分で構成された作品が1988年に制作されている。NHKバンコク支局に集められた、ビルマ市民などビデオカメラで撮影された映像により構成された放送されている。この映像が具体的に誰によってどのように撮影されたのかは、番組内では公表されていない。また、小型カメラが普及されていない当時に、報道関係者の入国が禁止され、厳しい報道規制が敷かれる中で撮影された稀有な映像である。

(39) 久保［2014a］は、カレンニー難民キャンプにおいて、難民がどのように「民族」的アイデンティティを構築しているのかを考察し、「カレンニー」という名乗りが、難民としての立場を表明するときに意味をもつことを明らかにした。そして、難民としての「カレンニー」は、タイで難民であるという否定的な要素、キャンプという不安定な場にすまうことと、そこでの「安定」により難民キャンプに根づくという二重制を持って形成されることを示唆した［久保 2014a：231］。久保の「カレンニー」の考察は、カレンニー難民にも共通するものである。

## 撮影日誌① 撮影前（2000〜2008年） 傍観者の視点

2000年2月、私はタイ北部カレンの人びとが暮らす村を取材するべく、タイ・ビルマ国境に向かって車を走らせていた。メーラ難民キャンプをはじめて目にしたのは、その時のことである。難民キャンプの出入り口には、監視にあたるタイ国境警備隊警察（Border Patrol Police/BPP）の姿が目立った。道路沿いには、有刺鉄線が隙間なく張られ、難民の出入りや外部者の立ち入りは制限されていた。

当時は、前年1999年10月にバンコクでおきたビルマ人学生によるビルマ大使館占拠事件や、2000年1月に発生したカレン人によるラーチャブリー県の病院占拠事件の直後ということもあり、緊張感が漂っていた。道路沿いに設けられた入り口のチェックポイントや監視小屋では、BPPが目を凝らし、監視にあたっていた。

それまでにも、私は難民キャンプに関心を持ち続けていたのだが、当時のこのような社会情勢下で取材を行うことは難しかった。2001年以降になると、タイ村周辺の難民キャンプや村からキャンプまでの道路整備が進められはじめ、難民キャンプへの物的流通が始まった。同時に、報道関係者など部外者の立入規制も少しずつ緩和され始めた。

私は、「闘いはなぜ終わらないのか」「難民たちが社会変容とどのように関わり合いながら生きているのか」をテーマとしたドキュメンタリー映画の制作構想を温めていた。メーラ難民キャンプは、難民同士や難民と地元民の相互関係を考察するのに適していた。メーラ難民キャンプはメーソット市街へのアクセスが容易なこともあり、国境沿いに位置する他の難民キャンプと比べて市場経済の影響を受けやすく、社会変容のテンポが著しく早いからである。2008年3月、もろもろの下準備を整えた私は、メーラ難民キャンプに拠点を置いてドキュメンタリー制作を開始した。難民キャンプ内で撮影できる場所は制限されているため、NGOスタッフにコーディネートを依頼し、国際NGOが設立・支援する図書館や、難民キャンプに建てられた学校に通う子どもたちへのインタビューから取材を開始した。

## 撮影日誌② 撮影初期（２００８〜２００９年） 観察者の視点

『OUR LIFE』の撮影をはじめた２００８年当初は、難民キャンプという「非日常の中の日常」を、どのように映像化していけばよいのか分からず、視点が定まらないまま、難民キャンプへ通う日々が続いた。

キャンプ内での撮影は、子どもたちが通う学校などでのインタビュー調査が主であった。実際に参与観察ができるようになったのは、主人公たちとの信頼関係が形成されてからのことだ。

カレン語を話すことができない私は、英語が話せるカレン人通訳を通して、インタビュー中心の撮影を進めていきながら、少しずつダラツゥとその家族の日常にビデオカメラをむけていった。そして、テーマを「闘いはなぜ終わらないのか」に設定することで、少しずつカメラの視点を定めていった。

当時、ダラツゥは、タイ＝ビルマ国境のメーラ難民キャンプ内に建てられた小学校に通いながら、家族や友人たちと穏やかにキャンプで一日を過ごしていた。ダラツゥへの日常生活に触れる中で、筆者がそれまで抱いていた、テントに閉じ込められた中で悲劇的な人生を送る人びとという「難民」のイメージは崩された。外部者の筆者が、難民キャンプに通いながら、一時的に観ているそんな日常生活は、表面的なものでしかなかった。確かに、彼らの淡々とした日常は、タイの村での生活と変わらない。学校へ行ったり、食事をしたり、普通の子どもたちと同じ生活を送っている。閉じ込めたれた中にも、自由に移動し、生活戦略を自ら練り出しながら生きている者もいる。

私は、難民キャンプへの日帰り調査を定期的に進め、限られた時間ではあるが彼らと食を共にし、日常生活を送ることで、難民たちと関係性を形成していった。そうして次第に、彼らの抱える葛藤や悩みがカメラにおさめられていくようになっていった。

撮影を続けるにつれて、私の崩された「難民」のイメージは、再び崩された。

学校、配給シーン、年間行事、キャンプ内でのシーンは撮りつくし、家の中での家族の食事シーンや団らんの撮影に焦点があてられはじめると、カメラは徐々に、難民たちの「語り」を捉えるようになった。

撮影当初は、カメラの視線を意識して行動することが多かったダラツゥ（以下の事例を参照）だが、カメラの前で姉弟喧嘩をしたり、親子の会話などが増えていく。

［ダラッゥの語りの事例］
俳優が化粧をするよ。またクシを無くしちゃった。顔の化粧からはじめよう。
これでバッチリ。俳優は、もっとかっこ良くしなくちゃダメかな。

難民キャンプでの、ビデオカメラを用いたダラッゥ家での日常の観察が滞りなく進められたの要因の一つは、通訳者の存在である。通訳を介した撮影では、共振しているのは、撮影者と通訳者、そして通訳者と撮影対象者となるため、カメラは、通訳者とダラッゥの関係性をも映し出す。このように、異国の地でのドキュメンタリー映画制作においては、コーディネーターや通訳者次第で、作品の方向性も変化していく。そのため、彼ら通訳者との親密な関係を築くことも不可欠である。

しかし、それでもなお、外部者であり難民キャンプの外と内を自由に行き来できる私には、キャンプに流れる時間を捉えることに限界を感じていた。

「難民キャンプを撮る」難しさは、「難民キャンプで撮る」難しさも意味していた。「難民として生きること」という主題を、難民ではない外部者の筆者がどこまで捉えられるのだろうか。筆者は「難民キャンプで撮る」という行為自体を省みるようになっていた。

こうして難民キャンプにおける撮影が滞っていたその時に、ダラッゥが難民キャンプを出て第三国定住先のアメリカへ渡ることになった。

この時点で、ビルマの民主化が進み、内戦の終結への希望が見えてきたため、「闘いがなぜ終わらないのか」というテーマから、この時期、難民の移動と定住をめぐるコミュニティ形成へと変更した。

ダラッゥが自由な生活を送れるようになれば、難民というレッテルは剝がされ、彼の生きざまをより深く捉えることができるだろう。筆者は当初、何の疑いもなくそう思い込んでいた……。

## 撮影日誌③　撮影初期～中期（2010～2013年）　親密な視点

ビルマでは、2010年11月に実施された総選挙後、アウンサンスーチーが解放され、テインセイン政権下のもと、民政移管（2011年3月）が行われた。

ビルマ中央政権とKNUによる和平交渉も進み、2012月1月、停戦協定が結ばれた。60年にも渡り続いた内戦は終結へと向かいはじめ、国境の監視も緩み、タイとビルマの国境の行き来も自由にできるようになった。

2010年末から、ビルマ・タイ国境情勢は大きく変化した。停戦合意の翌年2013年11月、私は、ビデオカメラと三脚を抱え、ビルマへと向かった。バンコクからビルマ最大の都市ヤンゴンまで、フライトで約1時間30分。ヤンゴン空港へ到着後の入国審査はスムーズに進んだ。私は、ゲート前に列をなしていたタクシーにのり、ヤンゴン市街地へとむかった。人びとの掛け声で賑わうショッピングモールや、新鮮な魚や果物が並ぶ市場。これまで映像メディアを介して目にしてきたイメージとは異なる、解放的な街の雰囲気が漂っていた。

街の中央に位置するヤンゴン中央駅は、通勤客や荷物を山積みに抱えた行商人たちで込み合っていた。郊外を結ぶ環状線には、かつて日本で運行していたディーゼル車が走っている。車窓に広がるヤンゴン郊外には、それまで訪れた東南アジア諸国で感じた情景とはどこか違う、懐かしさを感じる牧歌的な田園風景が広がっていた。車窓からの風景や電車内の様子、そして駅構内など、ビルマ国内の公共施設で、自由にビデオ撮影できる日がこれほど早く訪れるとは、国境で撮影を開始した当時は、思いもしていなかった。

軍事政権下の2008年、ビルマ側の国境の街ミャワディで撮影を試みた際には、カメラをバックから取り出そうとした瞬間に、ビルマ軍兵士が寄ってきて撮影を拒まれた。撮影前の出来事であったため、フィルムを没収されることはなかったが、当時は、銃を抱えた兵士の姿が街中のあちこちに見られ、カメラを鞄から取り出すことさえできなかった。

それからわずか5年の間に、ビルマ国内で撮影する日が訪れた。市内では、NLDによる政治集会やデモが行われ、NLDの集会が行われている建物の前では、反政府運動に関与し、インセイン刑務所などに政治犯として収容されているNLDメンバーの釈放などを要求する内容が書かれたビラなどが、配られていた。

民政移管前、軍政下に情報省によって敷かれていた言論統制などが緩和され、映像や出版物の事前検閲なども廃止された。

街中の映画館では映画祭が行われており、軍事政権下に弾圧された市民や少数民族に関するドキュメンタリー映画なども上映され、一般市民や国内外から映画関係者などが集まり、開場を待つ人びとで溢れていた。映画館近辺の路上には、露店が連なり、ビルマ国内の日刊紙や新聞のみならず、独立系メディアや国内外で出版された英字新聞、またビルマの歴史に関する専門書などが販売されていた。

ビルマの民政移管に伴う民主化の促進を受け、アメリカ政府は、１９９８年から発動していた経済制裁を緩和し、２００５年から行っていたビルマ難民の第三国定住支援を、２０１５年度に終了することを発表した。タイ政府も、２０２０年までに難民キャンプを閉鎖し、難民を本国に帰還させる事業構想を打ち出した。アメリカへ第三国定住できる最後のチャンス――それまで第三国定住という選択をし切れずにいた難民たちは、最終決断を迫られることになった。

ビルマの民主化が進むことを疑わず、ヤンゴンでの撮影は、難民がビルマへ帰還後に改めて出来るものと思い込んでいた私は、難民たちの帰還の動態を撮るために、国境の難民キャンプへ戻った。

ところが、ビルマの民政移管に対する難民たちの反応は、私が想像していたものとは異なるものだった。難民キャンプの人口が一時的に増加したのだ。アメリカへの申請機会を得るために、第三国定住制度を申請する難民が増加したためだった。ビルマの民主化を懐疑的に捉えていた難民は少なくなかった。

そして、主人公ダラツゥも、冷静にビルマ国内情勢を捉えていた。それまで頑なにキャンプに留まり、両親とともに暮らしていくと主張していたダラツゥは、ビルマへの帰還という選択ではなく、アメリカへの定住を選び、第三国定住の申請を行った。

２０１３年12月、ダラツゥは、難民キャンプを離れ、兄たちが暮らすアメリカへと渡った。そして、２０１５年4月、私はダラツゥのその後を追うべくアメリカへ向かい、中西部インディアナ州での撮影に入った。

# 第2章
# 越境
## ――『OUR LIFE 第二章：夢の終わり』

キャンプにいた頃、俺は夢と野望を抱いてた。
でもアメリカに来てから、夢は破れ希望も失った。でもベストを尽くすよ。
アメリカでは、時間がないから、学校へ通えないし、英語も話せない。
今は仕事が忙しいけど、将来は学校へ行きたい。いつの日か、学校にも通って、
人の役に立つ仕事がしたいんだ。

（『OUR LIFE 第二章：夢の終わり』のシーンから）

『OUR LIFE　第二章：夢の終わり』(Short Version)

本章では、『OUR LIFE 第二章：夢の終わり』（撮影期間2014～2017年、ダラツゥ20～23歳）で描かれた、第三国定住地（アメリカ）におけるダラツゥの日常生活における〈場と語り〉から、カレン難民の第三国定住地における日常生活の変容とネットワーク形成を考察する。そして、難民キャンプで生まれ育ったダラツゥの青年期（20～24歳）において、第三国定住地で新たな社会関係を形成し、自分たちの新たな運命を受け止め、自らのアイデンティティに折り合いをつけて周囲との関係性を新たに形成してゆく過程と、離れ離れになった家族のつながりの変化について、作品場面を分析しながら考察する。

表2－1　登場人物（年齢は2017年３月の撮影時）

| 登場人物 | 性別 | 年齢 | プロフィール |
|---|---|---|---|
| ダラツゥ（主人公） | 男性 | 23 | 1994年にメーラ難民キャンプで生まれた．５人の兄と１人の姉がいる７人きょうだいの末っ子．18歳の時に第三国定住を決断し，2013年末にアメリカへ渡航し，インディアナ州で生活をはじめる．2016年にサウスダコタ州へ第２次移住．兄レーダと暮らしながら，ガラス繊維工場に勤めている． |
| レーダ | 男性 | 26 | 五男．1990年生まれ．2011年にアメリカ・コロラド州へ第三国定住，2013年にサウスダコタ州へ第２次移住した． |
| マーカー | 男性 | 27 | 四男．2007年アメリカ・インディアナ州へ第三国定住．アメリカで出会い結婚した妻ナイ・カウ（27歳）と暮らしている． |
| ノレ | 女性 | 28 | 長女．1988年生まれ．2010年に，ドゥと結婚．２児母．2016年にアメリカ・サウスダコタ州へ第三国定住． |
| トゥーセーポー | 男性 | N/A | 次男．妻と３児の子どもたち，そして妻の母と同居している．2007年にコロラド州へ第三国定住後，2011年にサウスダコタ州へ第２次移住した． |

出典：調査を基に筆者作成．

## 1　映画の内容（登場人物）と舞台

### （1）『OUR LIFE　第二章：夢の終わり』の内容

２０１３年12月、第三国定住を決意し、夢をかなえるためにアメリカへ渡ったダラツゥは、四男が暮らすインディアナ州インディアナポリスで生活をはじめるが、生活に馴染めずに、五男と長女が暮らすサウスダコタへ再移住することを決める（登場人物は表２－１参照）。

ダラツゥはＳＮＳなどソーシャルメディアと、教会によって繋がれるネットワークを活用し、難民コミュニティの中で生活しはじめるようになる。ガラス繊維工場での仕事を続けながらも、週末は教会へ通い、カレン難民との交流を楽しみ、家族との時間がとれるようになり、ダラツゥは自らの居場所をみつけていく。

２０２０年からのパンデミック、そして２０２１年２月に起きたクーデターのために、難民キャンプに暮らすダラツゥの両親たちの生活は不安定になってゆく。そんな中、ダラツゥの母は闘病生活へと入っていた……。

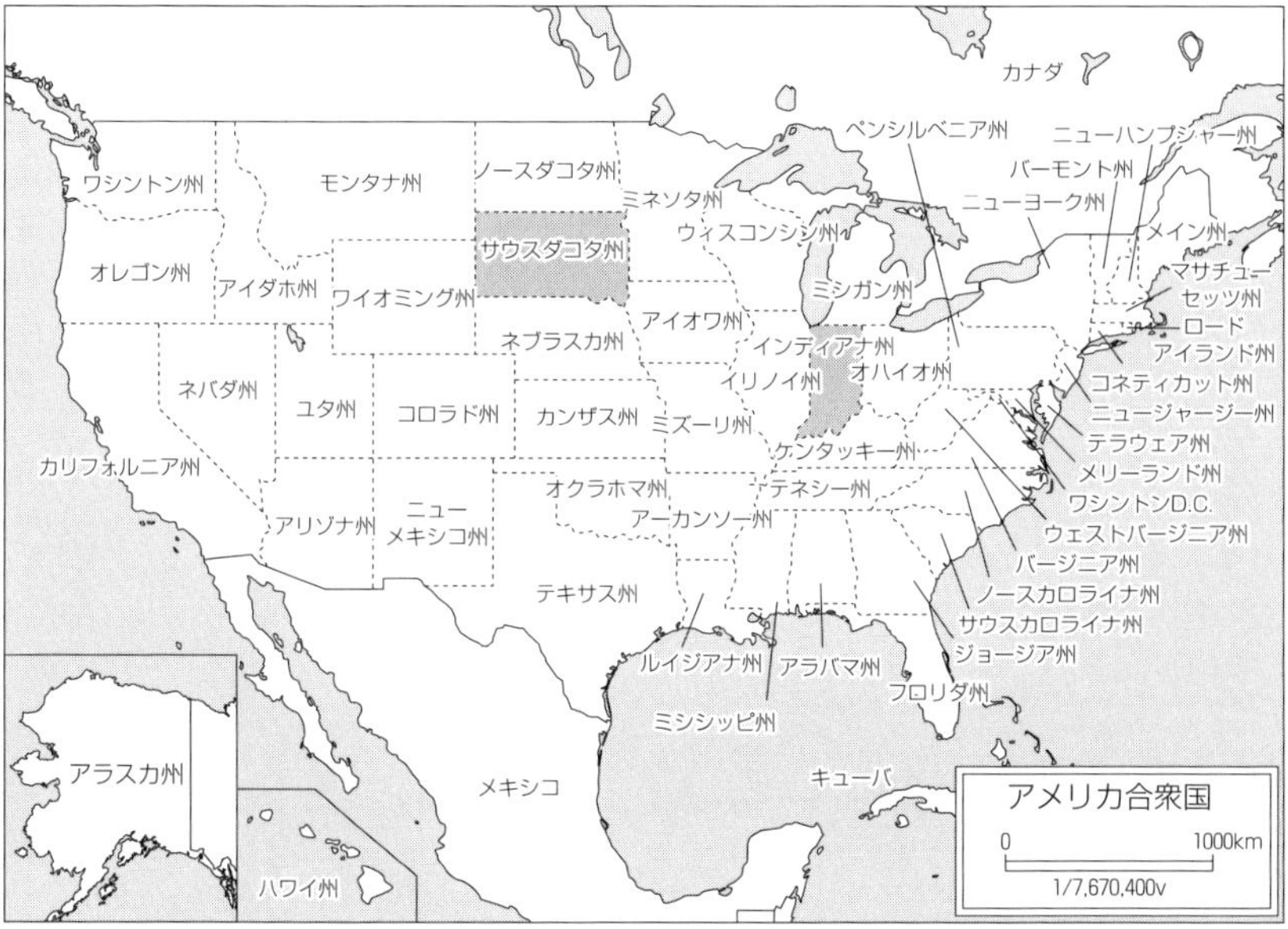


**図2－1　アメリカ合衆国のインディアナ州とサウスダコタ州**

出典：筆者作成.

## （2）映画の舞台

アメリカ・インディアナ州の州都インディアナポリスは、人口約88万人（２０２１年４月）。中西部屈指の産業都市である。白人約60％、黒人が約29％、ネイティブアメリカンとアラスカ先住民が０・３％、アジア人が３・４％、ヒスパニックが10・５％暮らしている。そのうち約５％（35万４３４８名）の移民・難民がインディアナ州に暮らしている（メキシコ人が30％、インド人が７％、中国３％、ビルマ人が３％、フィリピン人が３％となっている）。

インディアナ州のビルマ人コミュニティは、国内でも最も規模の大きいコミュニティであり、２万５０００名のビルマ人が暮らす。そのうち２万４０００名がインディアナポリスで生活を送っている。２０２０年度は、93名のカレン人の第三国定住者を受け入れている。カレン難民は、コンゴ共和国に並んでマジョリティの民族となっている[1]。

移民・難民が多く住む街であり、比較的仕事が見つけやすいこともあり、多くのビルマ人が暮らしている[2]。

なお、ダラツゥが第2次移住先として生活の場を選んだ町、サウスダコタ州アバディーンは、アメリカ中西部に位置する町である。人口は、約2万8500人であり、目立った観光地はなく、主な産業は農業である。(3) 日本からだと、ミネソタ州の州都ミネアポリス経由で小型ジェット飛行機乗り換え、アバディーンまで1時間弱で着く。白人約87%、黒人が約2・5%、ネイティブアメリカンとアラスカ先住民が約4・5%、アジア人が約4%暮らしている。

2021年の統計によると、一人あたりの平均収入値は3万802ドル（国勢調査）、失業者数は3%である。サウスダコタ州に住んでいるカレン系ビルマ難民は約2500名、うち、アバディーンには約500人のカレン人が住んでいる。(4)

## 2 アメリカにおける第三国定住制度の概要

第三国定住制度とは、前述したように、祖国に帰ることも、避難先の国に定住することもできない難民を、主に欧米の国が受け入れて定住を認める制度のことである。(5)

2020年に第三国定住した難民は約3万人で、前年の2019年の約10万人から大幅に減少している（おそらく新型コロナ感染流行の影響であろう）。各国政府の統計によると、第三国定住制度による受け入れ国は21カ国（2019年26カ国より5カ国減少）となっている［UNHCR 2021］。

難民受け入れ最多国であるアメリカは、1975年以来300万人以上の難民を受け入れてきた。(6) 難民受け入れ当初は、東南アジア地域および旧ソビエト連邦からの難民が主であったが（たとえば、1975年は、総数14万6158名中、アジア人13万5000名、旧ソビエト連邦6211名だった）、現在では、世界65以上の国々からの難民の定住を受け入れている。(7) アメリカは、その内、第三国定住がタイ国内で行われはじめた2005年から2012年度までに、約8万人のカレン難民を、受け入れてきた[8]。

現在の米国の難民受け入れのプログラムは、1980年に制定された難民法からはじまったものである。難民法は、1968年にアメリカが加盟した「難民の地位に関する議定書（1967年）」にもとづいている[9]。

第三国定住者の申請の窓口は、米国国務省人口・難民・移住局（PRM）が管理する「国外選考機関（OPE）」という機関である[10]。OPEが処理した情報を、米国市民権・移民サービス（USCIS）が審査し、個人面接を通して、米国での定住の許可を認めるか否かの判断がくだされる。

難民は、USCISから第三国定住の許可がおりると、健康診断を受け、難民への支援を行っている定住機関から「支援保証」を得て、渡米前に短期の米国文化オリエンテーションを受講し、難民受け入れプログラム（USRAP）に参加する。UNHCRによる第三国定住申請から難民が米国へ渡航するまでにかかる期間は、平均8カ月～1年である。

難民の定住地を決めるのは国務省と定住機関で、入国する難民それぞれの固有のニーズと、提供できる労働スキルなどを照合させていく。米国内にすでに親戚や家族がいる場合は、そこが難民の居住地域になる場合が多い。親戚などがいない場合、各地域社会と難民の要望をもとに双方にとって環境があう場所を決める。定住先が決定した後は、OPEと国際移住機構（IOM）が連携し、難民がキャンプから定住地まで移動するのに同行する。難民が空港に到着した後は、定住機関の関連団体職員が出迎える。時には親族・友人が出迎えることもある。そして空港から直接アパートへと向かう。アパートには、家具家電製品が備え付けられており、衣服も用意されている。そして、生活に必要な書類（保障カード、学校の入学手続き）などの申請を行い、買い物や医療機関の受診などの日常生活のオリエンテーションなどを受ける[11]。

難民には、一人につき900ドルの一時支援金が支給される。また、仕事を見つけるまでの補助金として、8カ月の制限で月額約250ドルが配られる［大津留 2016］。支援期間の6～8カ月間の内に、仕事環境が整え、自立した生活を送るよう促されている［久保 2014b］。

国務省の受け入れ・配置プログラムの期間は数週間であるが、難民が就労許可カードの交付を受けた難民の求職活動など、保健福祉省の難民定住課と各州のＮＧＯによる支援を提供している。第三国定住制度のプロセスには多くの機関が関わり、また定住地の地域におけるＮＧＯなどの協力が欠かせない(12)。

では、具体的にダラツゥはどのようなプロセスで定住していったのか、映画の内容にそって考察してみよう。

## 3　第三国定住地（アメリカ）における日常

ダラツゥがアメリカ・インディアナ州インディアナポリスへ到着したのは、２０１３年12月末のことだった。インディアナ州には、ダラツゥの三歳歳上の兄である四男マーカー夫妻が暮らしていた。

インディアナポリス市内には、カレン難民を支援する保険福祉省難民定住課（ＯＲＲ：難民再定住室）があり、到着したばかりのカレン人たちの生活上の相談や支援を行っている。しかし、ダラツゥの暮らすアパートは市内から離れた場所に位置し、市内まで車で20分近くかかる(13)。到着したばかりの難民で車を所有しているものは少なく、したがって主な交通手段はバスになる。仕事もＯＲＲの支援や家族や親戚・友人などの力を借りつつも、基本的には自分の力で探さなければならない。アメリカで職をえるためにも、そして、日常生活を送るにあたっても、まずはコミュニケーションをとるための語学力が必要である。

ダラツゥは、語学学校へ2カ月通い英語を学んだ(14)。そして、友人に紹介された飛行機の緊急用マスクを作る会社で働きはじめた。しかし、夜9時から朝の7時まで、立ちっぱなしの過酷な仕事であったという(15)。同僚には、ヒスパニック系の移民などがいたが、カレンの友人は少なく、初めての異国の地での生活は、厳しいものであった。

以下は、到着当時の頃のことを回顧する２０１５年のダラツゥ（23歳）の語りである。

［シーン6］

アメリカに着いたばかりの時は、とても大変だったよ。右も左もわからない僕は、何をしてよいのか分からなかった。とにかく英語を学んでアメリカに、来なくちゃダメなんだ。難民キャンプで使っていた言葉は全く通じないんだよ。生活するためには英語を学ばないと。僕は2カ月学校へ行ったよ。

学校までの道のりが大変でさ、大雪で寒いし足が冷えて立てなかったよ。家に帰って服をキッチンで温めて冬服ももっていなかった。もし誰かが僕を連れ戻してくれるなら難民キャンプに戻りたかった。仕事をはじめた時も大変だったよ。手と足が痛くて仕方がなかった。手のひらがとても痛くて耐えられなかった。

（中略）

アメリカへ来たけれど、ここでの日々は苦しいよ。お母さんとお父さんに会いたいよ。

ここは孤独で哀しくなるよ。難民キャンプで過ごした日々、家族や友たちが恋しいよ。

アメリカへは仕事のために来たけれど、外国に住むって楽じゃないね……。

毎晩ベットに入ると、お母さんや兄姉に会いたくなるんだ。難民キャンプでの生活の日々は、すっかり変わってしまったよ。アメリカは楽しい国ではないけれど、仕事の機会を与えてくれた素晴らしい国だよ。僕は仕事ができて幸せだよ。

お母さんとお父さんがここに、居てくれたらもっと幸せなのに……。家族で一緒に暮らせたら、どんなに幸せなことだろう。家族に会いたいよ、皆元気に暮らしていてほしい。

僕はいつかカレンのために、役に立つことをしたいんだ。アメリカに来てから苦労が絶えないよ。来たばかりの頃はとくに大変だったよ。

僕だけじゃないと思う。きっと皆大変だよ。皆同じ思いにぶつかっていると思う。

だから僕はこれからアメリカに、来る人たちを助けたい。（中略）

キャンプにいた頃、僕は夢と野望を抱いてた。

でもアメリカに来てから、夢は破れ希望も失ったよ。でもベストを尽くすよ。

アメリカでは、時間がないから、学校へ通えないし、英語も話せない。今は仕事が忙しいけど、将来は学校へ行きたい。いつの日か、学校にも通って、人の役に立つ仕事をしたいんだ。

アメリカで暮らすカレンたちは、アメリカ人が避けるような環境条件のよくない重労働の仕事を担っている。ダラツゥの兄マーカー夫妻もケーキの箱詰めの流れ作業に就いているが、難民の多くが、非熟練単純労働（食品の箱詰め作業、製品工場などの流れ作業、精肉工場、清掃業など）に就いている。

ダラツゥの職場には、従業員のほとんどが、ヒスパニック系アメリカ人や、ソマリアなどのアフリカの難民、または東南アジアからの移民である。アメリカの経済を支えている多くの民は、社会の底辺で最低限の給料と過酷な労働状況の中で生活を送る難民や移民たちである。中には、軍需産業の企業で働く者や、米兵の一員として中東などの戦場へ送り出される難民たちも存在する。[16]

アメリカ社会における貧富の差は、ダラツゥが想像していた以上のものであったのかもしれない。よりよい生活を夢みて渡米したダラツゥは、アメリカという社会をどのように感じているだろう。アメリカでは、都会での生活と、都会から数十km先の郊外は、まったく別の世界が存在している。その落差はタイでみたそれとはまた別の世界であろう。

難民キャンプでは、「カレン」というアイデンティティ意識は強まる一方だった。アメリカでは、世界各国からダラツゥと同じように内戦から逃れてきた難民と出会ったり、アメリカ人の生活実態を知り、貧富の差を経験したりするうちに、自分はアジアから逃れてきた「難民」なのだ、という意識がキャンプ内で暮らしていた時よりも強まっていったのではないだろうか。

平日は家と仕事場を往復し、週末になるとショッピング・モールへと足を運び、買い物や食事をして過ごす。カレン以外と話す機会もほとんどなく、日常が「消費」されていく。そんな生活の繰り返しは、ダラツゥが難民キャンプを発つ前に抱いていた（夢見ていた）アメリカでの生活とはかけ離れたものだったかもしれない。現実に直面したダラツゥの表情が難民キャンプで生活していたころのものとは違ったものになっていったのが、インタビュー映像の表情や言葉から読み取れる。

ダラツゥが家族と離れ離れになってでも得たかったものとは一体何だったのだろう。カレンのために尽くしたいという彼の語りは、何を意味するのだろうか。難民キャンプを離れた難民たちは、どのような日常生活を送っているのだろうか。アメリカでの生活に何を求めているのだろうか。

第一章の「僕らの難民キャンプの日々」では、難民として生きるということはどういうことなのか、難民キャンプの日常がどのように変化していくのか、そうした生活の中で、「兵士になって、カレンのために闘いたい」というダラツゥの想いは、いったいどのように形成され、どのように変化し、その想いが将来どこへ向かうのか、そうした明確な問い（テーマ）があった。

厳しい環境の中でも、家族や友人に囲まれ、目を輝かせながら生きていたダラツゥの姿は、筆者の目には頼もしくも映った。難民キャンプを発つ前のダラツゥは、語りにも表れているように、希望にあふれていた。しかし、アメリカでの撮影においては、夢を失いかけ、落胆しているダラツゥを撮り続けていく内に、カメラをダラツゥに向けることにどのような意味があるのかわからなくなり、筆者は一旦アメリカを離れた。

それから間もなく、ダラツゥから、2年間暮らしたインディアナポリスを離れ、兄レーダの暮らすサウスダコタ州へ引っ越しをするという連絡が入った。ダラツゥは自分の意志で第2次定住を決め、新たな生活を再び、始めようとしていた。

２０１７年2月、筆者はビデオカメラを持って、アメリカへと向かった。

## 4 難民ネットワーク形成におけるリーダーと教会の役割

アバディーンという町は、ミネソタ州のミネアポリスから小型ジェット飛行機で40分程、サウスダコタ州東部の街である。ミネソタ州はアメリカでもっとも人口密度が低い州で、比較的低空を飛行する飛行機の小窓からひろがる荒地の中にポツリポツリと家が見える。

2月下旬、筆者が訪れた日は、温度がマイナス15度近くまで冷え込み、雪が積もっていた。南国タイで年中半袖姿で暮らしていた難民たちにとっては、耐え難いほどに冬の寒さが厳しい土地である。ダラツゥは、なぜこの地に移り住むことになったのか。

ダラツゥがサウスダコタ州を第2次移住地として選んだ理由は、2011年にアメリカ中西部のコロラド州へ第三国定住した兄（五男）のレーダが2016年にサウスダコタ州へ第2次移住をし、ダラツゥの姉も2015年にサウスダコタ州へ第三国定住したことが大きな要因となっている。また、サウスダコタにはインディアナより仕事環境のよい仕事があった。インディアナでの仕事は忙しすぎるため、友人を作る時間さえも取れない、そのため孤独に陥ったダラツゥは、難民キャンプの暮らしのように、兄姉たちと共に時間を過ごす時間が取れる仕事を自ら選んだのだ。

インディアナでは四男の家に居候していたダラツゥだが、サウスダコタでは、五男レーダと一緒に半地下のアパートで2人暮らしをはじめた。貯金で自らの車も購入した。決して裕福な生活ではないが、自炊も含め、自立した生活を送っていた。近所にカレンショップなどもあり、カレン料理用の調味料や野菜をはじめ、タイ米やドリンク、そして顔塗料のタナカ（白粉）なども購入することができた。

アバディーン市の規模は小さいため、公共施設などへ行くにも車で5分とかからない。幼稚園から高校まで同じ学校に通える環境である。自宅もマンションなどではなく、一軒家に世帯ごとバラバラに住んでいるが、家と家との距離は近い。町の規模が小さい分、カレン同士、近所の付き合いも蜜である。人口密度の低い町であるため渋滞もなく、通勤時間も短い分、余裕もできる。仕事帰りに友人とサッカーをしたり、ジムへいってトレーニングをしたり、趣味を楽しんだりする時間もとれるようになった。

アバディーンのカレンコミュニティは、規模は小さいながらも、大半のカレンが同じ職場で働いていることから、ほとんどが顔見知りであり、インディアナポリスのコミュニティと比べると密であり、セキュリティの面でも安心である。

仕事内容は、インディアナでの流れ作業と同様、夕方4時~朝方4時まで、ほとんど立ちっぱなしの夜間での作業だが、職場には、カレン難民が多く、さまざまな国からの難民も一緒に働いている。企業の難民へのアフターケアもしっかりとしている。一晩中、身体を駆使しての作業だが、ダラツゥは、以前のように仕事内容に関して不満を言うことが一切無くなっていた。

週末になると、隣町に暮らす、兄夫妻と姉夫妻家族や甥と共に、カレン料理を囲む。他愛ない会話をしながらの食事は、難民キャンプで見た光景そのものであった。長く伸びた金髪を切ったせいか、インディアナでの雰囲気とは全く異なり、難民キャンプを出発する前のダラツゥの表情に戻りつつあった。以下のダラツゥとレーダの会話は、アバディーンとインディアナの比較を語っている。

［シーン7］

直井：ここはインディアナポリスよりも暮らしやすい？

ダラツゥ：そうだね。ここの方が暮らし易いよ。ここの方が仕事がたくさんあるよ。友達もたくさんいるし。サッカーする時間もあるよ。インディアナポリスにも友達はいたけれど多くはいなかった。

直井：ここはカレン人がたくさん住んでいるね。
レーダ：そうだよ。カレン人がたくさん住んでいるよ。最初は10～20人程しかいなかったんだよ。でもどんどん増えていったよ。皆仕事をするためにここへ来たんだ。
少しずつお互いを知るように、なっていったよ。他の州に住む友人らに連絡して、仕事を紹介していったよ。それで皆ここへ集まってきたんだ。ここは給料がよいからね。それでどんどんカレン人が増えていったんだ。

［シーン7］の語りから、仕事を求めて人びとがアバディーンに集まって増えて行ったことが明らかである。ダラツゥは、カレン人同士で流されている情報を元に、家族や親せき同士でその情報を共有しながら、第2次移住を決意した。そして、移住の主要な理由は、仕事など生活環境であった。

無論、ダラツゥの事例は一例にすぎず、他の難民が第2次移住する理由はさまざまであるが、スマートフォンにより情報が容易に手に入る時代になり、情報量が増加した分、選択も増えた、ということは多かれ少なかれ共通しているだろう。難民たちは、自ら情報を収集し、自らの生き方を選択し始めている。

### （1）リーダーの存在（『OUR LIFE』には登場しない事例分析）

第三国定住地におけるカレンのネットワーク形成に欠かせないのが、カレン人リーダーと、その情報発信である。アバディーンにカレン系ビルマ難民が住み始めたのは2011年のことである。ボウケという青年がアバディーンへ移住し、仕事の斡旋をはじめたところ、またたく間に多くの難民がその情報を頼りにアバディーンにやってきた。アバディーンにおけるカレンコミュニティの活動は、現在はボウケがすべてを仕切っている。アバディーンでは、LSSという組織が、第三国定住後5年間以内に第2次移住した難民に対する支援を行っているが、これとはまた別に、ボウケのような自主的に活動を行うリーダーが、移住したばかりのカレン難民たちのサポートをしている。

アバディーンにおけるカレンの活動は、主にボウケのSNSや自宅訪問などにより行われている。

ボウケは、息子2人（12歳、10歳）、妻（37歳）、父（87歳）、母（69歳）と一緒に暮らしている。父はかつてKNUの一員であり、母は高校の先生だった。両親は、母の父（ボウケの祖父）が投獄中（1960〜1970年）の父を助けたのが縁で結婚した。1997年に、ビルマ南部のタボイから40村9000人が、6時間かけてタムヒンキャンプへ逃れてきたという。ボウケもその中にいた。

ボウケはその後10年間、キャンプでの暮らしを送りながら、NGOのZOAが支援するFSPで数学とコンピューターの教師をしていた。2007年、タムヒン難民キャンプから兄のいるNYへ第三国移住をし、レストランで料理人として11カ月間働いた後、2008年にワシントン州のスポケーンへ第2次移住した。スポケーンには当時、約200名のカレン人が住んでいたという。そこでの生活が4年過ぎた頃、難民キャンプ時代に知り合った人物からアバディーンでの仕事を紹介され、第3次移住をした。ボウケは、ファイバーグラス工場（Molded Fiber Glass Company、以下、MFG）[17]で働き始める。

ボウケはMFGで難民への仕事の斡旋もするようになり、その伝手を頼ってアバディーンへ移住するカレン難民が増加した。2017年当時には約100名のカレン難民が働いていた。MFGは、従業員約300名中、約半数が外国籍労働者で、カレン難民以外にも、ソマリア難民や、キューバやフィリピンからの出稼ぎ労働者などが働いている。この職場では、スペイン語が話せるアメリカ人や、英語が流暢なカレン人が常に通訳を兼ねて各セクションに配置されている。そして、セクションごとにリーダーが配置され、カレン人の多いセクションには、カレン人のリーダーが配置されている。

ダラツゥの兄レーダ（五男）も、MFGで仕事をするためにアバディーンに第2次移住をした。ダラツゥにMFGの仕事を紹介したのもレーダだった。ダラツゥの直属の上司もカレン人であり、仕事上における面倒もカレン同士で補いあっている。一日のほとんどの時間を過ごす職場でのカレン同士のつながりが、カレンの関係性の形成に大きな役割を果たしている。カレン自らにリーダーをまかせ、つながりを生み出している企業の組織のあり方も、カレンが、心地よく働ける場の形成へとつながっている。

ボウケは2012年に教会での礼拝に参加するようになり、その後、ボウケの声掛けで、アバディーンのカレンたちが教会へ通うようになった。当初は約20名程であったが、今では100人のカレンが集まるようになったという。

では、教会では具体的にどのような活動が行われているのか、インディアナポリスの教会と、アバディーンの教会の相違点に着目しながら考察してみよう。

## (2) 教会の役割

アバディーンには、カレン難民の自助組織はないが、教会を中心にカレンのネットワークが形成されている。教会には、大きなスクリーンやピアノなどが完備されている。日曜日の礼拝では、カレン自身による音楽の演奏などがあるため、前日の土曜日になると、音合わせやコーラスの練習などが行われている。教会は、ミサ以外にも、語学教室や託児所なども運営しており、その空間はカレン難民のネットワーク形成において大切な役割を担っている。また、アメリカで生まれた子どもたちの多くは、カレン語が分からず、カレン文化に日常で触れる機会は多くはない。そうした世代間の断絶をつなぐのも、教会という空間である。週末になると、地域に住むカレンが老若男女を問わずに大勢集まり会話を交わす。

教会の隣には室内ミニサッカー場も完備されており、仕事が休みの土曜日の夜になると、約30名のカレンが集まりそれぞれグループを作り、試合を楽しむ。サッカーの後は、一緒に外食をしたり、お互いの自宅を訪問し、アジアンマーケットで購入した食材を使って作ったカレン料理を囲んだりしながら、会話を楽しむ。

ミサは日曜日の13時からはじまる。午前中は、コーラスやバックバンドの本番前の最終音合わせなどの練習が行

**表2-2　インディアナ州とサウスダコタ州　難民を取り巻く環境の比較**

| | インディアナポリス | アバディーン |
|---|---|---|
| 総人口<br>カレン人 | 約82万人（663万人）<br>約8000人 | 約2万6000人（約82万人）<br>約500人 |
| 支援・自助活動内容 | カレン支援協会，教会<br>牧師との連携など<br>家庭訪問 | LSS，教会<br>音楽活動，サッカー<br>家庭訪問 |
| 職業 | 飲食店，工業の流れ箱詰め作業など非熟練単純作業 | 精肉工業，<br>ガラス繊維工場など |
| 活動のはじまり | 2007年～ | 2011年～ |
| 自助組織運営 | 委員会によって運営 | ボウケという青年によって |
| 生活環境 | 街中で生活が便利だが教会まで距離がある．<br>物価が高い，治安が悪い | 治安がよい．<br>職場，教会，自宅が10km圏内 |

注：インディアナポリス職場までの通勤時間23.6分，サウスダコタ州全体17.2分．
出典：調査を基に筆者作成．

われる。牧師はカレン難民キャンプから第三国定住したカレンである。牧師が不在の場合、近隣の州から代理の牧師を呼ぶ場合もある。このように、難民キャンプにおける関係性がそのまま第三国定住地においても形成されている。

教会では、難民キャンプで行われていた伝統行事なども行われることが多く、難民たちは民族衣装をまとい、家族で参加している。そうした行事は、カレンとしての意識を再確認する場でもあると同時に、難民にとっての再会の場ともなっている。ダラツゥのように、英語がうまく話せず、第三国での生活がままならないカレン難民は少なくない。とくに、高齢者や女性などにその傾向が顕著に表れ、家に篭りがちになる。教会は、難民たちのネットワーク形成の場ともなり、そして心の癒しの場ともなっている（表2-2）。

インディアナポリスにおいても、このようなカレン難民による教会での活動は同じように続けられていた。しかし、街自体が広いため、自宅から教会までも車で20～30分程の距離がある。それぞれの家も離れている。家から約20km離れた住宅街の一角に立つ教会には、毎週100名近いカレン難民が集まるが、顔をあわせられるのは、週に一度のみであり、サッカーなどをする時間もない。以下は、ダラツゥがまだインディアナ州にいた頃の語りである。

［シーン8］ 教会にて

疲れた時、僕は時々祈るんだ。友達に会いに教会に来るの。でもそれでも耐えられない時があるよ。アメリカでは時間もないし、親しい友達もいない。皆それぞれの生活で大変だから。でも、教会では友達を作る機会があるんだ。教会では、親しい友達が何人かいるよ。でも彼らも仕事で忙しい。お母さんとお父さん、そして友達に会いたい。故郷に帰りたい。アメリカでは幸せに暮らせない。でも、ここには争いがないから怖いものはない。ビルマは怖いけど、ここは大丈夫。働けば、ちゃんと食べていける。でも働けない人はどうやって生きていけばいいの。

大都市インディアナポリスと地方都市アバティーンのどちらを選ぶかは、個々が自身の人生において何を大切に生きていくか、による。ダラツゥは後者を選択したが、それは、よりよい仕事環境のみならず、家族のつながりや友人との時間を優先した結果である。

難民の選択に大きな影響を与えているのが、ソーシャルメディアによるつながりがもたらす情報やネットワークである。本章の最後に、メディアとカレンのネットワーク形成の関係性について考察してみよう。

## 5　ソーシャルメディアによる難民のネットワーク形成

第三国定住したカレン難民をめぐるネットワーク形成に欠かせないのが、ソーシャルメディア（SNS）によるカレンのつながりである。第三国定住したカレン難民たちは、スマートフォンを利用し、SNSアプリを使った無料電話FBのメッセージ機能であるFB Messengerを利用し連絡をとりあっている。カレン・ネットワークは、主にFBで形成され、カレンたちが第三国と難民キャンプそして、ビルマ国内に暮らすカレンたちが、繋がりあっている。そうしたソーシャルメディアによる難民同士つながりは、第三国定住した難民たちの生活向上に、大きく影響したといわれている［Marlowe 2020; UNHCR 2015］。

アメリカの難民たちは、FBで、難民キャンプにいる家族や友人たちと頻繁に連絡をとりあい、会話を交わしている。難民キャンプでは現金の配給はしていないが、2005年以降、第三国からの仕送りができるようになったこともあり携帯電話が容易に入手できるようになった。第三国定住制度が始まって15年以上たった今では、難民キャンプのほとんどの世帯がスマートフォンを持つようになった。スマートフォンの画面を通した何気ない家族との雑談の時間は、第三国定住した難民たちにとっての安らぎとなっている。

何気ない日常のワンシーンを写真や動画で記録し、FBにアップすることで、難民たちは、自らの体験を語り、共有している。スマートフォンで自らの日常を撮影し、SNS（FBの他、近年は、インスタグラムやTikTokなどを利用する難民も増加した）でシェアする難民たちが増加し、第三国定住地から、教会での映像やスポーツイベントから日常シーンまで、日常のさまざまな出来事を、ネットを通してアップする者が増えていった。

筆者も、日本にいながら、ダラツゥの日常の様子をリアルタイムで知ることができるようになり、ダラツゥとの会話もFBのチャットなどで頻繁に行うことができるようになった。このような変化は、撮影を開始した当時には考えられないことだった。ダラツゥがまだ難民キャンプに滞在していた2000年代は、携帯電話が唯一の通信手段だった。しかし、スマートフォンが普及後、FBでお互いの顔をみながら、話せるようになったことで、彼らとの距離感が一気に縮まった。

こうしたSNSによる間接的コミュニケーションが、直接的コミュニケーションへつながっていく事例は少なくない。ダラツゥの場合、約4500名のネットワークをFB上で持っている。筆者もそのネットワークの一人である。アップされる内容は、主に、日常生活の様子である。仕事の休みの様子が主にアップされているが、友人たちとのサッカーゲームや、トレーニングジムで運動しているシーン、家族との食事などが主である。食を一緒に囲むことが人間関係において重要視されているカレンは、ＳＮＳに写真や映像をアップするだけでなく、無料で話せるチャットを利用し、友人と話をしながら、食事をとったりすることも少なくはない。お互いの食べているものをカメラで撮って伝えあいながら、雑談をしながら、食事をしたりする。アメリカでの余暇の生活の大部分の時間を、彼らはスマートフォンとともに過ごしている。今では、日常にかかせないツールとなっている。

アメリカへ到着したばかりのダラツゥは、難民キャンプに暮らす両親とも、週に2、3度スマートフォンを利用し、ＳＮＳで会話を交わしていた。アメリカから、常に両親の健康に気を遣っていた。このようにスマートフォンの出現は、難民の親と子のつながりや家族のあり方を変化させていった。

ダラツゥのＦＢには難民キャンプ時代の写真が頻繁にアップされ、キャンプにいる友人たちと過ごした日々を回顧する投稿が多い。アメリカにいても、決して難民キャンプにいる人びとのことを忘れないというメッセージが写真とともに加えられている。そして、歌も頻繁にアップされている。教会でのコーラスをはじめ、自作（作詞作曲）した歌のギターによる弾き語りを自撮りした映像がシェアされている。教会での祈りや友と共に歌を歌って過ごす時空間が、いかに難民たちにとって安らぎの場になっているのかが伝わってくる。このように、ＳＮＳを通したネットワークは、単なる情報のシェアとして活用されているだけでなく、難民キャンプを離れ、家族と離れ離れになり、第三国という言葉も文化を違う国に暮らす孤独な難民たちの心の拠り所にもなっている。

また、カレンの歌や伝統文化などがシェアされることで、カレン文化の伝承するためのツールとしてもＳＮＳは活用されている。

さらに、ＳＮＳ上のコミュニケーションは、教会で行われる対面コミュニケーションの場づくりにもつながっている。ＳＮＳを通して、教会への加入や、イベント告知なども盛んに行われている。YouTubeではＫＮＵチャンネルが開設され、カレン州でのＫＮＵ活動なども随時アップされ配信されている。

このようなソーシャルネットワークのつながりは、カレン難民のネットワーク形成に役立った。一方で、カレンたちのネットワークや団結力を強化し、カレンの民族意識を高めていくことにもつながっている。

ＦＢ上のカレン・ネットワークは、招待されれば、国籍に関係なく誰でも参加できる。カレンもそうしたネットワークを持つようになり、カレン同士の情報交換も活発になった。また、カレンたちは、情報を受信するのみならず、自らが政治的な意見を発信する役割を持ち始めた。カレンの人権の平等性を求め、アメリカに滞在するカレンたちが全国から集まり、ワシントンＤＣの合衆国議会議事堂前に集まり、カレンの人権を求め、米国政府に向けてのデモンストレーションなどを行うようにもなった。ビルマ国内における政治状況も、ＳＮＳなどで自由に意見を交わせるようになり、自らの権利をもとめて、カレンたちは動き出していた。年に一度、カレン革命記念日にはイベントなども行われ、サッカー大会なども行われている。そうしたイベントの様子も写真や動画で拡散され、イベントには多くの人びとが集まるようになった。

では、このようなカレンのソーシャルネットワークおよび教会を中心に形成された第三国定住におけるカレンネットワークは、難民キャンプや故地ビルマ（に暮らすカレンたちの生きざまやネットワーク）に、どのように影響していくのだろうか。

第三国定住地におけるバプテスト教会では、募金活動なども行われ、難民キャンプに送金され、難民キャンプにおける教会における活動資金となっている。そうした資金は、前章でみてきたように、教育活動や難民キャンプに暮らす孤児の支援活動にもあてられている。また、タイ・ビルマ国境の国内避難民への支援や、ＫＮＵの活動資金ともなっていることも指摘されている［Horstmann 2011a: Souris 2020］。

次章では、再びタイ・ビルマ国境に戻り、難民キャンプに残された年長者たちの生きざまと、「帰還」の現状を考察してみたい。

## 6 難民の越境を撮る視点

本章では、ドキュメンタリー映画『OUR LIFE 第二章：夢の終わり』の場面分析から、ダラツゥが難民キャンプから第三国定住先のアメリカへ第三国定住する過程を追う中で、前章で取り上げた、難民キャンプの日々と、アメリカにおける日常生活とが、どのようにつながり、またどのように変化したのかを比較しながら、難民の「越境」（移動と定住）について考察を加えた。

映像は、難民の越境（移動と定住）をどのように捉えることができたのか。次章に移る前に、整理しておきたい。

第一章では、「難民キャンプ」という閉ざされた場所の、さらにダラツゥ家という同一空間をあえて繰り返し訪れることで、目には見えない難民キャンプの空間の質感的な変容を捉えることを試みた。そして、同一空間での撮影を通して、その空間がどのように変容するのかを観察した。

第二章では、アメリカへ渡ったダラツゥが第2次移住したため、撮影場所が変化し、車中などでの移動撮影が加わった。ダラツゥ自身が運転するシーンなど「移動する風景」を多用し、車の中の会話も映像に入れた。その結果、第一章とは対照的に、教会や飲食店、デパートなど、公共の場での撮影が増加した。

現実に向き合いはじめたダラツゥは、「働く」ことを通して、自らで稼いだお金で食事を作り、食べ、暮らす、という最低限の生活が出来る環境を手に入れた。しかし第三国定住地で、難民が地元コミュニティに加わっていくのは、容易なことではない。生活スタイルも難民キャンプとはまったく異なるものである。そして、言葉の壁が常につきまとっていた。

そうした異国の地で不安な生活を送る中で、ダラツゥが心穏やかに過ごせる場の一つが教会であった。週末の教会でのミサは、強制的に出席が求められている訳ではなく、参加は自由である。そこには、カレン難民たち自身で作られた空間が存在していた。教会でのカレンのつながりは、顔の見えるものである。週に一度、カレンの民族衣装を着飾り、同じ空間で一緒に祈り、牧師の話に耳を傾ける。ミサが終わった後は、昼食をともにしながら、おしゃべりをする。そうした雑談の時間というものが、ダラツゥの日常生活に潤いをもたらしていた。

難民たちは、環境の変化に対応するため、教会における活動に関する連絡をはじめ、仕事の斡旋や日常における相談事なども頻繁に、ＳＮＳで行っていた。そして、ＳＮＳによるつながりは、仕事の斡旋の他、日常における有益な情報交換まで幅広く活用されており、カレンネットワーク形成において重要な役割を果たしていたことが明らかになった。

カレン難民の第三国定住地での生活の様子や情報は、ＳＮＳなどを通し、タイ・ビルマ国境の難民キャンプにも伝わっていた。タイやビルマの故郷の情報も、インターネットを通して瞬時に第三国定住地へ流れてくる。カレン州で撮影された映像が、YouTubeなどにアップされ、カレン難民の間でシェアされる。難民たちの移動と定住は、こうした情報を基に行われている。彼らが求めているのは、条件のよい仕事だけでなく、厳しい第三国での生活の中での心が安らぐ居場所であった。

アバディーンの難民ネットワークは、職場での難民同士の交流から生まれ、さらに教会、家族を含むつながりと広がっていった。そうした場の形成の背後には、自身が第三国定住難民であるリーダーの活躍があった。ボウケのような人物が中心となってネットワークが形成されたという点は、難民たちにとっての居場所形成に大きな意味を持つ。

難民が越境（移動・定住）するかどうかの判断は、その越境（移住）先により良い職場環境があるかどうかをその基準とするのみならず、仕事の合間に余暇の時間をとれるか、治安はよいか、そして、何よりもコミュニケーションをとりあえる仲間や、雑談する場や出会いの場があるかどうか、が基準となっている。

難民たちは、職場を選びつつ親戚や家族が住む街へと移動する。内戦という自国の政治情勢に翻弄されてきた難民だからこそ、安全性や保健医療が整っている職場の環境を第一に考え、比較的安全な地方の町を選ぶ者も少なくない。薬物などの恐ろしさを身近で感じてきた経験も、都市生活を避ける理由だろう。こうして、移動と定住をめぐるカレン難民の繋がりは、スマートフォンによるソーシャルネットワークに依存しつつ、大都市のコミュニティから、地方の町へと多岐にわたっている。

第三国定住地での難民たちの生活は、難民たちが想像していた以上に厳しいものであった。それでも難民たちは、ビルマ国内へ帰還するよりも、安全で仕事の機会を持てる第三国定住への移動という選択をした。第三国定住地に暮らす難民たちは、思い通りにいかない人生に翻弄されながらも、自らネットワークを築き、SNSを通してさまざまな情報を得ながら、よりよい生活基盤を求めて新たな土地に移動し、カレンネットワークを築いていた。

難民の帰還の際には、アメリカのように、十分な情報提供と生活基盤の保障などの条件が揃わない限り、難民の自主的な動きは進まないだろう。しかし、2016年から難民のビルマへの帰還の動きが本格的に開始された中、難民キャンプの閉鎖に伴う難民の帰還事業は、難民の意志や選択とは関係なしに、強制的にはじまろうとしていた。次章では、難民の帰還をめぐる動態をみてみよう。

## 補　足　日本における第三国定住制度の概要

第三国定住制度とは（第3章参照）、祖国に帰ることも、避難先の国に定住することもできない難民を、新たに第三国が受け入れて永住する権利を認める制度である。日本政府は、第三国定住制度を開始した2010〜2024年3月までに305名（122世帯）の難民を受け入れてきた[18]。2017年までは、タイの難民キャンプに暮らすカレン難民が対象であったが、その後、マレーシアなど東南アジア各国に暮らす難民へと広げている（外務省「第三国定住事業の概要」2019)[19]。

難民は、どのような経緯で日本へ来て、到着後はどのような生活を送るのか。また、どのような難民が受け入れ対象となるのだろうか。以下は、2010年9月にパイロットプログラムにより初めて日本が難民受け入れを行った時の過程である。

2008年、UNHCRがメーラ難民キャンプで〝日本行き〟の告知をはじめた。キャンプ内の公共施設（お寺や教育施設など）の掲示板に応募チラシが見られるようになり、2010年2月には難民キャンプで面接が行われ、候補者が選定された。その後の難民キャンプから日本へ第三国定住するまでのプロセスは、第3章で紹介したダラツゥのアメリカへの移住プロセスの事例と同じように、IOM（国際移住機構）が行う。出発前には、健康診断日本語研修、生活習慣に関するガイダンスが数週間にわたって行われる。

2010年10月、審査を通過した5家族27名が日本へ渡った。

定住支援プログラムは、180日（約半年間）である。来日した難民たちは、アジア福祉教育財団難民事業本部（RHQ）での日本語教育を572時間、生活ガイダンスを120時間、他に就職斡旋を受ける。定められた地域への定住後も、難民たちは生活相談員や通訳などを通して、生活上のサポートや日本語教育や就職のサポートなどが受けられる［外務省 2020］[20]。

その後も難民受け入れ事業は継続されていく予定であった。しかし、翌年は18名、2012年は、希望者0名という事態になった。

第2章でみてきたアメリカへの希望者と比べて、圧倒的に日本への申請者数が少なかったのは、なぜだろうか。国内で難民支援活動を行ってきた松岡佳奈子は、その理由を「日本の認知度の低さ」「特殊言語としての日本語の問題」「支援・研修不足への懸念」「日本の厳しい基準」「縁故者の不在」とまとめている［松岡 2011］。

平和な民主主義国家、経済大国という日本へのイメージは、悪くはないものの、基本的な情報を知らない若者が多い。

同じく、難民支援に長年携わってきた認定NPO法人難民支援協会（JAR）代表理事である石川えりも、日本の受け入れに関して、①選定基準、②法的地位、③受け入れ支援についての法制度の必要性、④「特別なニーズのある人」への支援を提言している。そして、日本語教育、経済的自立支援、継続と一貫した個別支援の視点、最後に地域での受け入れ支援の必要性などを提示している［石川 2011］。

松岡も石川も、難民のコミュニティ形成の必要性を指摘する。日本国内における難民をめぐる支援は、縁故者の不在など、難民によるネットワーク形成が充実しているアメリカやオーストラリアなどと比べると、貧弱である。石川は、日本がこれまで経験してきたインドシナ難民の定住支援政策[21]から学んできたことが、今回の第三国定住政策に活かしきれていないこと、また、受け入れ決定過程が政府内の議論に限定され情報がNPOなど支援組織と共有されていなかったことを指摘している。また、２０１０年度の受け入れ時には、日本に暮らす難民による難民支援が認められなかったという［石川 2011］。

インドシナ難民の受け入れで、我々は何を学び、何を見逃していたのか。難民の移動と定住を人類学的視点から研究している久保忠行も、難民キャンプにおける難民の経験と、日本における暮らしのつながりと差異を勘案しつつ、「承認する側（日本）」と「される側（難民）」という視点ではなく、難民自身の視点から支援のあり様を捉え直すことの重要性を指摘する。そして、「難民を主体とした制度構築と、対面的な共生の滋養の両論を構築する」ことによる多文化共生への新たな視点を提示している［久保 2013］。

先行研究で示されているように、難民との共生には、さまざまな「理解」が必要となる。共通するのは、そうした理解のための「情報」であろう。国内における一般の難民のイメージは、「未開人」であり、職業訓練などが制度化され、そのことが、固定化された難民像をつくりあげている。そうした紋切り型の難民を捉えるのではなく、「カレンであり生活者である」［久保 2013］という視点は、難民との共生を考える上で、重要な視点である。

アメリカでの事例（第2章参照）でもあったように、難民たちは、第三国定住地においても、難民コミュニティのネットワークを形成し、教会などを中心に顔を合わせる機会を自らつくり、難民たち自らがリーダーシップをとりながら、企業や行政との関係性も形成し、日常生活を送っている。企業側も難民のニーズをくみ取り、お互いに利益があるような体制を整えようとしている。アメリカでは、インドシナ難民の受け入れの経験が、難民自身の主体的なネットワーク形成にも活かされてきた［久保 2014a］。

日本においても、姫路市の製革企業やケミカルシューズ企業が同市に定住したベトナム難民に対して就労現場を用意し、さらに日常生活に必要な行政上の手続きなどもサポートしつつ、生活支援をしてきた事例がある［瀬戸徐・野上 2014］。

また、2010年に第三国定住制度をはじめて以降、政府は主に首都圏を中心に定住事業を実施してきたが、2017年からは首都圏以外の自治体への定住枠を設ける試みがはじまった[22]。

ここでは、企業と行政、市民、そしてNGOが一体となった活動が行われている広島県呉市の第三国定住制度による難民受け入れへの取り組みの事例をあげてみよう。

## 広島県呉市における難民受け入れの事例

広島県呉市は瀬戸内海に面した南西部に位置する人口約21万人の港町である[23]。ブラジル、フィリピン、ベトナム、中国、タイ人など在外外国人が約3000人[24]、その約2割の外国人が広地区に暮らしている。

日本語学校なども充実しており、地域の市民センターでは、日本語教室（『日本語教室《呉》』、『せかいの花』『こども日本語教室シランダ』『日本語サロン』『一期一会』）などが開かれている。その他、小学校に通う子どもたちのための放課後クラブ「アミザージ」なども設置されている。また、呉市国際協力協会や国際センターにおけるサポートなども充実したものとなっている。

呉市には、在日外国人の雇用を積極的に行っている総合人材サービス会社「ダイキ」などがあり、多くの在日外国人や実習生、条約難民なども雇用している。呉市の第三国定住難民の受け入れの経緯に関しても、ダイキグループが第三国定住制度事業に関して関心を持ったことがきっかけとなった［渡辺 2019］。

呉市に暮らす第三国定住難民は、制度の第8陣である。マレーシアに暮らすビルマ難民5家族22名が、2018年3月から呉市の広《ひろ》地区で生活をはじめた。

呉市の第三国定住難民支援は、NPO法人World Big Bonds（WBB／難民の就労支援をする団体、以下、WBB）を中心に、呉市の行政（呉市国際交流協会、呉市東部地区外国人相談窓口）、ひまわり21（日本語教育を支援する市民団体）、㈱ダイキ（雇用先企業）など、さまざまなアクターが連携しながら行っている。

WBBは、（公財）アジア福祉教育財団難民事業本部の委託を受けて（外務省予算）、第三国定住難民第8陣の地域定住支援を2018年3月から実施している。支援内容は、難民に対する直接支援（医療、教育、その他日常生活に関わる支援全般）と、地域関係者とのネットワーキングである。呉市の支援機関と協働で、第三国定住した難民へのサポート他、住民との交流を促すために、さまざまな形で連携を取り合っている。

定住開始以来、WBBは、難民が住民として、あるいは生徒（児童）や企業従業員として、地域で「自立」した生活が営めるようになることを目標にした支援を実施してきた。この「自立」は、経済的な自立に加えて、「難民が自分で問題の解決策をみつけ、解決ができるようになる」という点が含まれる。

以下では、呉市に定住した難民の受け入れがどのように実際行われているのか、受け入れ状況に関して、WBBが制作した2018年10月当時の調査報告資料の「第三国定住による難民の受入れ事業の対象拡大等に係る検討会について」と、WBB代表（現・理事）の渡辺氏へのインタビュー調査および筆者が2021〜2022年にかけて実施した呉市におけるフィールド調査をもとに考察してみよう。

難民たちは、6カ月の研修を受けた後に呉市へ移動し、2018年3月から呉市に暮らしはじめた。父親・母親たちは全員がダイキ社の正社員として働くことになっていたため、いずれの家族も全員がダイキの社宅で生活しはじめた。父親5名は木材加工業、母親3名は食品加工業に従事している。

難民家族が参加している主な地域コミュニティは、教会、日本語教室、ママ友、である。子どもたちは日本語教室「シランダ」や、小学校内の放課後日本語クラブで日本語学習を含めた学習支援を受けている。一方、親たちは機械を使用する製造業に就いているので、仕事中に日本語を使うことはあまりない。どの家族も幼い子供がいるため、親たちが夜の時間帯の日本語教室に通うことは難しいので、子ども向け日本語教室に親も足を運び、子どもの横で日本語学習に取り組んでいるという。日本語教室には難民家族だけではなくさまざまな国出身の学習者や日本人ボランティアもいる。

日本語教室は、難民が日本語を学ぶ教室というだけでなく、地域ボランティアとのつながりを経て、かれらが「居場所」を見つけるための場でもある。また、ボランティアに参加する呉市民が、社会とのつながりを生み出す「場」ともなっている。そうした場に共通するのが、ゆるやかで開放的な空間である。

とくに難民の母親たちは、仕事先で仲良くなった日本人や外国人の同僚との休憩時間に、子育てなどお互いに共通する話題について話をしている。職場の同僚との交流も深く、COVID-19パンデミックが発生するまでは、休日にバーベキュー・パーティーを行う姿も見られたという。

渡辺氏は、受け入れ1、2年目は、学校・企業面談、病院や携帯電話ショップへの同行など、生活に関わるさまざまなことについての相談をほぼ毎日対応していた。しかし3年目以降は、難民家族の自立や地域コミュニティへの定着が進んだことで、地域定住支援員以外のリソースを使って問題解決をする姿も多くみられるようになったという。

このように、難民の第三国定住の遂行に関して、「難民」といったカテゴリーを外し、一人の「市民」として受け入れる取り組みは、呉市などの在留外国人受け入れを進めてきた自治体における難民受け入れの実例から学ぶことは少なくない。

しかし、在留外国人と難民とを全く同等に受け入れる体制を、難民たち本人はどう受け止めているだろうか。難民たちの声を反映した難民支援体制が組み込まれているだろうか。守るべき難民たちのプライバシーもあるため、難民自身による発信が充分に行われているとは言い難い。難民になった背景をはじめ、彼らが、なぜ日本を選んで暮らしているのか、どのような思いを抱きながら日常生活を送っているのか、難民の置かれた実態を知る者は限られている。彼らは、迫害を受けて逃れてきた人びとでもある。祖国から戦争によって引き離された人びとである。精神的ケアなど、長期的に継続していく必要があるだろう。

一方で、難民自身が、自身の存在を明らかにすることで、一市民として受け入れられていた難民が、「難民」として逆に、「」をつけた形で現れてしまう可能性もある。

そこで、筆者は、在留ビルマ人や難民が多く暮らす東京都新宿区において、作品の上映会を開催し、その場での対話を通した相互行為を通し、難民理解へとつなげる試みを行った（本書第4章第2節に続く）。

## 注

（1）難民定住支援団体（Exodus Refugee Immigration）ＨＰ（https://www.exodusrefugee.org/　２０２１年11月16日最終アクセス）。

（2）２０２０年の平均年間収入は2万８３６３ドル、２０２１年9月の失業率は３・４%、貧困率は18・０%である。参照：United States Census Bureau HP（https://www.census.gov/quickfacts/indianapoliscitybalanceindiana　２０２１年11月27日最終アクセス）。

（3）サウスダコタ州全体の人口密度は、全米の中で5番目に低い州となっている。全米・人口密度ランキングマップ（州別）ＨＰ（http://us-ranking.jpn.org/PopulationDensity.html　２０２１年11月27日最終アクセス）。

（4）Aberdeen Community HP（https://aberdeensd.com/　２０２１年11月27日最終アクセス）。

インディアナ州失業率の参照（https://www.bls.gov/eag/eag.in_indianapolis_msa.htm　２０２１年11月27日最終アクセス）、サウスダコタ州失業率の参照（https://fred.stlouisfed.org/series/SDURN　２０２１年11月27日最終アクセス）。

（5）　ＵＮＨＣＲによる第三国定住の３つの機能とは以下のことをいう。

1．第三国定住は、国際保護を提供し、避難国で生命、自由、安全、健康その他の基本的権利が脅かされている難民の特別なニーズに応えるための手段である。

2．第三国定住は、自主帰還および庇護国社会への統合といった他の方法と並んで、恒久的解決策のひとつである。

3．第三国定住は、国際連帯が目に見える形で表れたものであり、諸国がおたがいの責任を共有するのに役立ち、一次庇護国に影響を及ぼす問題を少なくすることにつながる（参照：UNHCR HP より抜粋（https://www.unhcr.org/jp/resettlement　２０２１年11月28日最終アクセス）。

（6）　Bureau of Population, Refugees, and Migration. 2015. History of U. S. Refugee Resettlement. The 2009–2017 Archive for the U. S. Department of State. Retrieved December 18, 2021（https://2009-2017.state.gov/documents/organization/244270.pdf　２０２４年12月16日最終アクセス）。

（7）　２０１９年におけるアメリカの難民受け入れの上位国は、ウクライナ、コンゴ、ミャンマー、アフガニスタン、エリトリア、となっている（参照：Refugee Admissions Report as of October 31, 2021（Admissions & Arrivals HP　https://www.wrapsnet.org/admissions-and-arrivals/　２０２１年11月28日最終アクセス）。

（8）　アメリカに次いで、オーストラリア、イギリス、フィンランド、ノルウェー、スウェーデン、オランダなどが受け入れ数上位国となっている。

（9）　Doris Meissner 2015. Thirty Years of the Refugee Act of 1980. *Ejournal USA*, 15(7), 8–9（https://americancenterjapan.com/wp/wp-content/uploads/2015/11/EJ-refugees-0710.pdf　２０２４年12月16日最終アクセス）。

（10）　定住機関は以下の10の機関である。

・教会世界奉仕団（Church World Service）
・国内・海外伝道協会（Domestic & Foreign Missionary Society）
・エチオピア地域社会開発協議会（Ethiopian Community Development Council）
・ヘブライ移民支援協会（Hebrew Immigrant Aid Society）
・難民事業局（Bureau of Refugee Programs）

・国際救済委員会（International Rescue Committee）
・ルーテル移民・難民サービス（Lutheran Immigration & Refugee Service）
・難民・移民のための米国委員会（U. S. Committee for Refugees and Immigrants）
・米国カトリック司教会議（U. S. Conference of Catholic Bishops）
・ワールド・リリーフ（World Relief）［参照：Bureau of Population Refugees and Migration 2015. Refugee Resettlement in the United States. *Ejournal USA*, 15(7), 7. https://americancenterjapan.com/wp/wp-content/uploads/2015/11/EJ-refugees-0710.pdf ２０２４年12月16日最終アクセス］。

(11) Bureau of Population Refugees and Migration 2015. Refugee Resettlement in the United States. *Ejournal USA*, 15(7), 5-8 (https://americancenterjapan.com/wp/wp-content/uploads/2015/11/EJ-refugees-0710.pdf ２０２４年12月16日最終アクセス)。

(12) 同右。

(13) 前述したように、政府から補助金が支給されるのは、８カ月のみである。筆者がアメリカでの撮影をはじめた２０１５年５月当時は、ダラツゥはすでにマーカーの家へ引っ越し、居候をはじめていた。

(14) 支援金を受けるにあたり、週に最低６時間の語学学校での英語学習と36時間のコミュニティオリエンテーションを受けなければならない。

(15) 難民の多くが、非熟練単純労働（食品の箱詰め作業や、製品工場などの流れ作業、精肉工場および清掃業など）についている。ダラツゥの兄マーカー夫妻もケーキの箱詰めの流れ作業に就いている。

(16) ２００４年６月、イラク戦争ではモン兵士が亡くなっている［竹内 2004］。

(17) １９８０年に設立された風力エネルギー会社。アメリカ全州で14カ月にブランチを持つ。アバディーンブランチは２００７年に風力発電翼の製造工場としてブランチが設立されたが、２０２１年６月、閉鎖が決まった。参照：MFG HP（www.moldedfiberglass.com. ２０２２年１月22日最終アクセス）。

(18) ２０１０〜２０１２年までは、パイロット事業として、毎年30名を受け入れ開始したが、第３陣の２０１２年に来日予定であった３家族16名は、来日を辞退し、その年の受け入れ数は０名となった。その後、パイロットケースが２年間延長された。２０１４年までは、タイの難民キャンプに滞在するミャンマー難民を受け入れ（18世帯86名）、２０１５年度から２０１９度までは、マレーシアに滞在するミャンマー難民を受け入れた。その後、２０１９年６月の閣議了解等変更にもとづき、２０２１年度以降はアジア地域に滞在する難民及び第三国定住により受け入れた難民の親族を対象として年1～2回（約60名）受け入れることとした。

第1陣　２０１０年　27人（5世帯）三重県鈴鹿市（3世帯）、千葉県東金市（2世帯）
第2陣　２０１１年　18人（4世帯）埼玉県三郷市
第3陣　２０１２年　０人（難民側の意向により辞退）
第4陣　２０１３年　18人（4世帯）埼玉県春日部市
第5陣　２０１４年　23人（5世帯）千葉県千葉市
第6陣　２０１５年　19人（6世帯）千葉県千葉市
第7陣　２０１６年　18人（7世帯）千葉県千葉市
第8陣　２０１７年　29人（8世帯）広島県呉市（5世帯）、神奈川県藤沢市（3世帯）
第9陣　２０１８年　22人（5世帯）兵庫県神戸市
第10陣　２０１９年　20人（6世帯）愛知県名古屋市（4世帯）、春日井市（2世帯）
第11陣　２０２１年　６人（4世帯）神奈川県横浜市（2世帯）、藤沢市（2世帯）
第12陣　２０２２年　29人（6世帯）埼玉県草加市、千葉県千葉市
第13陣　２０２３年　21人（20世帯）埼玉県行田市、北本市、草加市、東京都、大阪府泉佐野市
第14陣　２０２３年　26人（11世帯）千葉県千葉市、神奈川県横浜市
第15陣　２０２４年　29人（21世帯）未発表

参照：外務省ＨＰ報道発表：「第三国定住難民第14陣に対する定住支援プログラムの開始」（https://www.mofa.go.jp/mofaj/files/000343330.pdf　２０２３年12月3日最終アクセス）。報道発表：「第三国定住難民第15陣に対する定住支援プログラムの開始」（https://www.mofa.go.jp/mofaj/press/release/press5_000109.html　２０２３年12月12日最終アクセス）（https://www.mofa.go.jp/mofaj/press/release/pressit_000001_00590.html　２０２４年８月21日最終アクセス）（https://globalcompactrefugees.org/article/thailand　２０２２年1月22日最終アクセス）。
２０２０年、２０２１年は新型コロナ感染下のため受け入れを行っていない。参照：Regugee Assistance HeadQuarters（RHQ）HP（https://www.rhq.gr.jp/outline/p01/　２０２４年9月24日最終アクセス）。

(19) 第三国定住を行う条件は、以下の通りである。
1. 筆者がUNHCRにより難民として認定されていること。
2. すべての恒久的解決策についての見通しの評価が実施され、その結果第三国定住が最適な解決策であることが確認されていること。
3. ただし、難民ではないが第三国定住が最適な恒久的解決策と考えられる無国籍者の場合や、難民ではないが特定の扶養家族との家族の結合を維持するために第三国定住を行う場合は、これに当たらない。
(中略)また、前提条件を満たしたうえで、第三国定住候補として受け入れ国へ提出されるためには、7つのカテゴリーのうちの少なくとも1つの条件を満たしている必要がある。
1. 法的・身体的保護のニーズ:避難国における難民の継続的滞在が深刻に脅かされている場合(ルフールマンの脅威も含む)
2. 拷問や暴力のサバイバー:帰還または庇護国での状況がさらなるトラウマを生み、リスクを高める可能性がある場合、または適切な対応を行うことができない場合
3. 医療ニーズ:とくに命に関わる治療を避難国で行うことができない場合
4. 危機に瀕する可能性のある女性および少女:女性であることで固有の保護上の問題に直面している場合
5. 家族の再統合:逃避や避難により国境または大陸を越えて離散している難民の家族にとって、第三国定住が家族の再統合のための唯一の手段である場合
6. 危機に瀕する可能性のある子どもおよび若年者:子どもの最善利益認定みより、第三国定住が必要と認められた場合
7. 恒久的解決策の選択肢に実現の見通しがない場合:一般的に、他の解決策が近い将来に実現する可能性が低いため、第三国定住がより包括的な解決への道を開く可能性がある場合
(アジア地域…インド、インドネシア、カンボジア、シンガポール、スリランカ、タイ、韓国、中国、ネパール、パキスタン、バングラデシュ、東ティモール、フィリピン、ブータン、ブルネイ・ダルサラム、ベトナム、モルディブ、モンゴル、ラオス)
参照:UNHCR HP (https://www.unhcr.org/jp/resettlement 2022年1月22日最終アクセス)。
(20) 詳細は、外務省の第三国定住の概要に詳しいので参照して頂きたい。外務省によると、難民たちは、日本語教育以外にも、日

本の社会制度や習慣、マナー、安全・健康管理の他、職場見学・職場体験等の実施などの就労先の斡旋等が行われている。さらに、定住にむけた支援に関しては、定住のための環境整備（地域の生活情報の収集、住居探し、保育所の申込み等）や自治体における諸手続の支援などが行われている。また、定住後のフォローアップとしては、生活上の①各種サポート（学校の連絡事項、公共料金、家計管理等）、自立のための助言・指導及び、②就労面でのサポート（職場適応訓練の実施 職場訪問による定着指導）などが行われている［外務省 2020］。

(21)　日本は、ベトナム戦争から逃れてきたインドシナ難民（ベトナム８６５６名、カンボジア１３５７名、ラオス１３０６名）難民を、１９７８年〜２００５年までに1万１３１９人受け入れてきた。政府は、難民事業本部を立ち上げ、難民への日本語教育及び、生活習慣に関する指導や就職のあっせんを行った（難民事業本部ＨＰ　http://www.rhq.gr.jp/japanese/know/ukeire.htm　２０２２年1月22日最終アクセス）（内房官房ＨＰ　https://www.cas.go.jp/jp/seisaku/nanmin/daisangoku_kakudai_kentoukai/dai1/siryou1.pdf　２０２２年1月22日最終アクセス）。
業務を実際に担ったアジア福祉教育財団は、難民を受け入れる定住促進センターを、１９７９年に、兵庫県姫路市に、１９８０年に、神奈川県大和市に設置した。難民、衣食住の提供と３〜４カ月の日本語学習と２カ月の労働慣行や社会規範に関する講習をうけ、就労斡旋を受けた［瀬戸徐・野上 2014］。

インドシナ難民定住者の帰化人数は累計１７４７人（２０２１年３月31日時点　難民事業本部調べ）（https://www.rhq.gr.jp/ukeire/　２０２２年1月22日最終アクセス）。

難民数8万５４７９人の内、認定者数８４１人、人道配慮による在留数２７０９人（難民不認定とされた者のうち人道配慮することとされた者の数であり、在留資格変更許可及び期間更新許可数も含む）（出入国在留管理庁ＨＰ「令和2年における難民認定者数等について」（https://www.moj.go.jp/isa/publications/press/07_00003.html　２０２２年1月22日最終アクセス）。

難民認定申請及び認定者数の推移（２０２１年３月31日時点）［出典：法務省資料］の数字から、日本に暮らす難民登録数は、約1万４１３名である。

神奈川３５９８、兵庫１５５０、埼玉１１９４、東京９５３、群馬５２７、大阪４９０、静岡４７８、千葉３１９、栃木１９６茨城97、愛知67、広島62、滋賀57人となっている。難民事業本部ＨＰ（https://www.rhq.gr.jp/ukeire/　２０２２年１月22日最終アクセス）。

(22)　「全国規模での難民への理解促進等の観点」から、定住先の主な要件として、①難民を雇用する職場、②難民の収入に見合った住居、③（家族に幼児がいる場合）入所可能な保育所、④日本語学習環境があること、⑤自転車又は公共交通機関で生活が可能であることをあげている［外務省 2020］。

（23） e-Stat 政府統計の総合窓口「人口動態統計」（https://www.e-stat.go.jp/ ２０２４年12月16日最終アクセス）。

（24） e-Stat 政府統計の総合窓口「人口動態統計」（https://www.e-stat.go.jp/stat-search/files?page=1&layout=datalist&toukei=00250012&tstat=000001018034&cycle=1&year=20230&month=24101212&tclass1=000001060399&result_back=1&tclass2val=0 ２０２４年12月８日最終アクセス）。

## 撮影日誌④　撮影中期（2014〜2017年）　参与者としての視点（協働）

2013年末、ダラツゥが第三国定住を決断し、キャンプを発ち、アメリカでの撮影が始まると、これまで、通訳を介して対話をしていたダラツゥと、英語で直接会話ができるようになった。また、アメリカにおける撮影は、難民キャンプとは違い、時間の制限もなく、職場における撮影以外は、自由に撮影が行えた。ダラツゥは運転免許を取り、車を購入し、移動の不自由もなくなったことで、カメラを向ける空間も拡がっていった。中華レストラン内での会話や、教会へ向かう車中での会話など、移動中の会話形式での撮影が増えていった。

その一方で、ダラツゥのアメリカでの生活は、家と仕事場の往復が主であり、撮影は単調なものになっていった。休日に彼らが足を運ぶのは、いつも同じ場所である。午前中は教会へ足を運び、午後は、町中にあるモールでショッピングを楽しんだ後、外食をし、家へ戻り、SNSをしたり、ギターを弾いたりして余暇を楽しむ。カレン同士の交流はあるものの、近所の地元住民たちとの交流などは、ほとんどなかった。

ダラツゥが新たな土地へわたり、仕事につき、自立し新しい生活をはじめるシーンを撮り終え、撮影した映像を一通り見直し、時系列順につなげ、映像を比較考察した。そこに映し出されたアメリカでのダラツゥの日常が、難民キャンプと比べて生活感がなくなったことは、明らかだった。

ダラツゥの日々は、モールやドライブスルーでの買い物、そして、平日は夕方から深夜まで立ちっぱなしのライン作業の単純労働作業が繰り返しであった。仕事後、朝方に家に戻って、食事をとり、就寝し、昼過ぎに起床し、夕方からまた工場へとむかう。そうした生活の繰り返しの日常が続いた。

こうした日常が、第三国定住地における難民の現実でもあることを、撮影を通して実感していった。

アメリカでの撮影の後半、私は、難民たちとの関係を維持しつつ、彼らの日常の姿を撮り続けた。この頃は、ダラツゥがインディアナ州からサウスダコタ州へ移り住んだ頃だ。ダラツゥはカレン難民コミュニティ活動に積極的に参加するようになり、カメラが捉える風景は家の中から、地域コミュニティへと少しずつ拡がっていった。

さらにこの時期、難民たちは、スマートフォンや小型カメラを自由に使いこなし、自ら撮影した映像を編集し、YouTube や TikTok などを通して発信するようになっていった。こうしてカレンが主体となったオンライン空間が創られてデジタルコミュニティが形成されていった。

私も、現地のさまざまな情報を YouTube で得ることができるようになった。そこには、難民の視点からみつめるアメリカ社会やカレンコミュニティが映し出されていた。難民自身が撮影した映像を送ってもらい、ドキュメンタリーにも取り込むことで、難民が暮らす社会を、複数の視点から見つめることが可能となった。

一方で、撮影中盤以降、ダラツゥが第三国定住したことにより、タイ＝ビルマ国境地帯難民キャンプにおける撮影が徐々に減っていった。

前述したように、難民キャンプの日常は、難民キャンプに市場経済が入りこむことで、生活空間が急速に変容していった。そして映像は、情感を失いはじめていた。ダラツゥ家でも、子どもたちが第三国定住地へ旅立った後は、父と母の2人暮らしになった。常に人が出入りし大勢でにぎわっていたダラツゥの家は、ひっそりと佇むだけになった。

さらに、難民の本国帰還事業が本格的にはじまり、難民キャンプの状況が大きく変化しはじめた。2010年代はじめからビルマ国内の民主化が進み、国際NGO団体の活動場所が徐々にビルマ国内へとシフトしていった。難民キャンプ内での援助活動予算は減り続け、活動が少しずつ衰退していった。

撮影終盤、撮影地を再び難民キャンプへ戻すことで、テーマの変化が再びおこった。難民の故地への「帰還」とは、一体何なのか。「難民」にとっての祖国とは一体どこを意味するのか。そもそも、人間にとっての故郷とは一体何なのか。筆者は、難民の越境をまた別の側面から捉えはじめることとなった。

## 撮影日誌⑤　撮影後期（２０１７〜２０２４年）　参与観察者としての視点

２０１７年11月、難民の帰還事業が本格的に始まったことをうけ、私は再び、タイ・ビルマ国境へと向かった。難民キャンプ生まれの若い世代の難民たちの多くは、第三国定住を選んだ。しかし、ビルマ国内で生まれ育ったダラツゥの両親たちの世代は、祖国に戻れる喜びで期待を膨らませているに違いない。

『OUR LIFE　第二章：夢の終わり』の撮影は、ダラツゥが、難民キャンプを離れるまでの家族と過ごした日常、そしてアメリカでの新たな日常の在り様、そして、ラストシーンは、主人公ダラツゥの両親が難民キャンプを離れ、故地ビルマのカレン州へ帰還し、故郷で日常生活をはじめるシーンで、終えよう。国境へ戻るまでは、そう思っていた……。

2年ぶりに訪れたメーソットは、街の風貌を大きく変えていた。大型ショッピングモールやホテルの建設ラッシュがはじまり、工事現場のドリル音が街中に響き渡っていた。米国による経済制裁が緩和されはじめた２０１２年以降、外国企業によるビルマへの投資が増加し、隣国のタイや中国をはじめ、日本やインドなどとの輸出入貿易も盛んに行われはじめた。

街の中心部からタイ＝ビルマ国境ゲートを結ぶ国道には、輸出物品などの荷物を山積みにした大型トラックが数㎞に渡って連なっていた。立往生するトラックの列の合間をバイクタクシーで走り抜け、街中から10分程で国境へと辿り着く。ゲート（国境管理場）には、国境を越え、ビルマ国内へと向かう人々が列をなしていた。しかし、待ち時間は以前ほど長くはなく、流れはスムーズだった。

これまで外国人に義務付けられていたビルマ入国ビザの申請も簡略化され、日帰りであれば、ビザは免除され、国境ゲートの出入国管理事務所でパスポートを提示し、入国審査カードを記入するだけで、容易に国境を渡ることが可能となった。国境を流れるモエイ川にかけられた友好橋にも、トラックの列が続く。川に浮かぶ渡し舟は、地元民を載せて、川を横切り国境を越えていく。国境には、ミャワディの街の川淵に建てられたレストランから流れる音楽が鳴り響き、橋の上からは、食事をする人びとの姿が見えた。国境を監視していたBPPの姿は見あたらず、２０００年代の内戦状態下に感じた緊張感は漂ってはいなかった。しかし、そこには、私が作品のラストシーンに使うつもりでいた、難民たちが列をなし、祖国へ帰還する光景はなかった。

国境で難民支援活動を行っている国際NGOのスタッフに話を聞くと、自主的帰還を希望する難民は少なく、帰還事業は膠着状態だという。停戦協定が結ばれ、内戦が終結し、生まれ育った祖国への帰還が可能となったにもかかわらず、カレン難民たちの自主的帰還が進まないのはなぜだろうか。難民たちの現状を知るために、私は、再びメーラ難民キャンプへと向かった。

メーラ難民キャンプは、00年代後半、衛星放送やデジタル化による情報の越境や、第三国定住制度の開始による人の移動により、急速な変容を遂げた。しかし、10年代に入り、タイ政府による難民の帰還事業が開始されると、難民キャンプで活動していた国際協力機関やNGO団体の多くは、アフリカの難民キャンプや中東諸国など、紛争下にあり、より人道支援が必要とされている次の現場へと向かい、残った団体も、一部を除き、帰還先の難民受け入れ体制準備のためにビルマ国内側へと活動場所を移し、タイ・ビルマ国境の難民キャンプにおける活動規模を縮小していった。

一方、ビルマ政府の民政移管から5年の月日が経ち、帰還地での支援も整いはじめ、難民キャンプへの支援が徐々に減っていく状況であるにもかかわらず、難民たちの帰還の動きは鈍かった。2017年当時、自発的に帰還する難民は、ほんの一部に留まり、およそ9万人の難民が、タイ側の難民キャンプで暮らし続けていた［UNHCR 2019］。

難民が故地へ無事帰還できること、あるいは第三国で無事に新たな生活を始めることが、「難民」という現象全体の最終局面だから、難民キャンプ及び第三国定住地における社会関係の長期的・通時的調査分析の最終段階として映画のエンディング部を制作しよう――そう考えていた私は、帰還を拒み、キャンプに滞在し続ける難民たちから話を聞く中で、その構想を再考する必要性に迫られた。

タイ政府の難民帰還奨励の方針は、難民受け入れ当初から一貫して、難民キャンプ閉鎖の方向に動いている。では、難民キャンプが閉鎖された後、難民たちは、帰還地で一体どのように人間関係を築き、コミュニティを再形成していくのだろうか。難民にとっての「故郷」とは何か、というテーマを据えて、『OUR LIFE　エピローグ：故郷』の制作に着手した。

2020年初めから新型コロナ感染症のパンデミックが発生し、海外への渡航は規制され、タイ＝ビルマ国境での撮影は延期せざるをえない状況が続いた。パンデミックが始まって1年近く経ったころ、私は、パンデミックの終息を見込んで、難民の帰還先であるビルマ国内カレン州への渡航準備を始めていた。ところが……。

## パンデミック下のクーデター

2021年2月1日、突如として、ビルマ国軍によるクーデターが起き、タイ・ビルマ国境は、再び閉ざされた。国境警備が厳しく管理されるという、民政移管前の2000年代のビルマ軍事政権下の状況に逆戻りしてしまった。

ビルマ国軍による言論統制とメディアへの弾圧も再びはじまり、3月には、主要メディアが情報発信の規制対象とされた。ほとんどの民間メディアが閉鎖され、オンライン上のSNSによる発信情報内容も検閲と規制の対象となった。そして、外国人記者の活動も禁止された。

国境地域における撮影の継続は困難となり、ドキュメンタリーの内容、構成ともに、大幅に変更せざるをえない状況に陥った。難民たちが、民政移管後も、ビルマへの帰還を拒み続けていたのは、このような政局不安の事態を見越してのことだったのか……。難民たちは目の前の現実を冷静にみつめ、将来を見据えながら、自らの生を主体的に生きていたことに、私は改めて気づかされた。

こうして、ドキュメンタリー制作を始めて15年の間に、さまざまな事象が偶発的におこることで、ドキュメンタリーの構成や内容は変化した。2008年、内戦状態下の難民キャンプに生きる難民の日常生活の観察（第一章）からはじまった『OUR LIFE』制作は、2012年の民政移管後、第三国定住地における難民のネットワーク形成の観察へ（第二章）、さらに、2021年以降は、クーデター下における難民キャンプに残された人びとの日常生活の観察へ（エピローグ）と、テーマも変化した。

# 第3章 故郷
## ——『OUR LIFE　エピローグ：故郷』

友よ　僕のことまだ覚えているかい？
僕らはまだ何も知らない　夢は終わったんだ　希望がなくなったよ
友よ　僕はあの頃まだ何も知らなかった　僕らの学校はもうすぐ閉まるんだ
故郷に帰る時がきたんだね　武器を持って……
僕らは離れ離れだけどいつも君を想っているよ
友よ　僕らのことを忘れないでいて……

（『OUR LIFE　エピローグ：故郷』からのシーンから）

本章では、映像作品『OUR LIFE　エピローグ：故郷』（撮影期間2018～2024年、ダラツゥ 24歳～30歳）の内容にもとづいて、カレン難民たちのビルマ本国カレン州への帰還をめぐる動態について述べる。難民にとって帰還とはいかなる経験なのか、タイ・ビルマ両国政府によって進められている帰還事業にはどのような課題があるのか、30年以上をキャンプで生活し続けた難民と、キャンプで生まれ育った難民にとっての故郷認識にはどのような相違があるのか、出身地や世代の違いに着目しながら考察する。

また、2020年初頭から始まる新型コロナ感染症パンデミックと、その渦中2021年に起きたビルマの軍事

表3－1　登場人物（年齢は2018年3月の撮影時）

| 登場人物 | 性別 | 年齢 | |
|---|---|---|---|
| ダラツゥ（主人公） | 男性 | 24 | 1994年にメーラ難民キャンプで生まれた．6人の兄と1人の姉がいる7人きょうだいの末っ子．18歳の時に第三国定住を決断し，2013年末にアメリカへ渡航し，インディアナ州で生活をはじめる．2016年にサウスダコタ州へ第2次移住．兄レーダと暮らしながら，ガラス繊維工場に勤めている． |
| レーダ | 男性 | 28 | 五男．1990年生まれ．2011年にアメリカ・コロラド州へ第三国定住，2013年にサウスダコタ州へ第2次移住した．ダラツゥと2人暮らしをしている． |
| ブレ | 女性 | 59 | ダラツゥの母．1959年，カレン州Kwee Lay生まれ．幼馴染のブラと結婚し，農業を営んでいたが，1983年，24歳の時，武装勢力に村を襲われ，長男と次男，そして生まれたばかりの三男を抱え，一家5人で難民キャンプへ逃げてきた．2021年8月に死去（享年62）． |
| ブラ | 男性 | 63 | ダラツゥの父．1955年カレン州Kwee Lay生まれ． |
| ガイ（仮名） | 男性 | 35 | 三男．1983年生まれ．UNHCRの難民ナンバーを持たないため，第三国定住制度へ申請ができない． |
| ナイ（仮名） | 男性 | 45 | 長男．1973年カレン州生まれ．カレン兵士（ビルマ国内に滞在）． |

出典：調査を基に筆者作成．

クーデターによる体制転換が、難民キャンプと帰還地に生きるカレン難民の日常に与えた影響について考察する。ここでは、軍事政権下においてビルマ国内で活動を続ける国際ＮＧＯの活動内容を事例に、帰還民支援に関する現状および今後の展望を述べる。

## 1　映画の内容（登場人物）と背景

ビルマの民主化が進み、２０１６年には難民の帰還事業が本格的にはじまった（登場人物は表3－1参照）。しかし難民たちの多くは帰還を望まず今も難民キャンプに暮らし続ける。ダラツゥたちが第三国定住によってアメリカへ移っていった後、キャンプに残されたダラツゥの両親は、どのような生活を送っているのか。キャンプが閉鎖された後、かれらはどこへ向かうのか。ビルマへの帰還するのか、それとも……。

本作品を通して、難民たちはどのようにして自らの「場」と「故郷」を創出していくのか（もしくは、創出していないのか、そうであれば、「故郷」とは一体どう

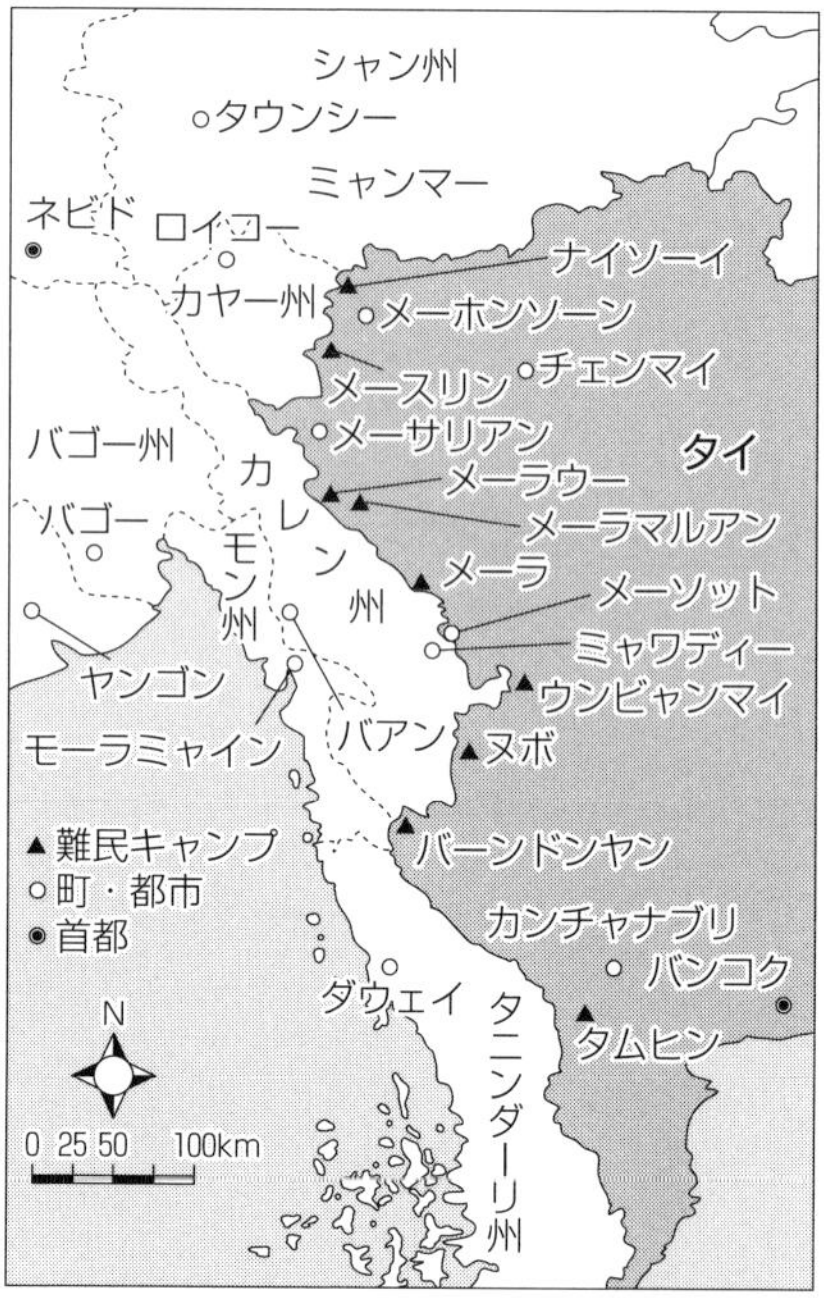


**図3-1　タイ・ビルマ国境**

出典：TBC［Thai Border Consortium］のHP上地図を基に筆者作成.

いったものなのか）を考える。

## 2　帰還事業の概要

### （1）帰還地（ビルマ・カレン州レイケイコー村）

カレン難民の主な帰還先であるカレン州（カイン州）は、人口約155万人のビルマ南東部に位置する州である（The 2019 Inter-censal Survey The Union Report）。カレン州都であるパアンは、ヤンゴンから約270km、車でおよそ5時間の距離に位置する。人口は2014年時点で、およそ84万人（17万世帯）（ビルマ全体では約5114万人）である。[1]

カレンが多く住み、主にポー・カレン語がつかわれているが、ビルマ語も使用されている。農村地帯の平野が拡がる中に、岩山がつらなり、パアンの景観のシンボルともなっているズウェガビン山がそびえている。山の麓には湖があり、湖面に山の姿が映し出されている。

カレン州の平野部は、少数民モン人の土地である。カレンは仏教徒が多く、その地域文化も仏教の影響が強かった。しかし、パアンでくりひろげられたカレン軍と国軍との内戦の影響で、さまざまな信者による共同体が形成され、主に仏教、カレンの伝統的な精霊信仰、キリスト教が混在している［速水 2015］。

表3-2　帰還までの経緯

| 実施年 | 事業内容 |
|---|---|
| 2012年～2013年 | ・難民キャンプで支援活動にあたっていた国際援助団体などが，財源不足から撤退を余儀なくされ，徐々にその規模を縮小せずにはいられない状況となっていった.<br>・タイにおける日雇い労働を制限するキャンプの規則が厳格化される.<br>・難民の帰還（送還）が開始されるとの噂が難民キャンプに流れ始める. |
| 2014年7月 | ・メーラ難民キャンプにおいて，タイ政府とUNHCR，メーファールアン財団による国勢（人口）調査が行われる.<br>・タイ政府がビルマ政府と難民の本国帰還に合意したと発表[1]. |
| 2015年3～8月 | ・UNHCRが「自発的帰還のための戦略的ロードマップ」と「自発的帰還のための作戦計画」という2つのドキュメントを発表. |
| 2016年6月 | ・タイ及びビルマ政府が，送還計画に関する共同声明を発表. |
| 2016年7～8月 | ・UNHCRが「自発的帰還センター」を設立. |
| 2016年10月25，26日 | ・ヌポキャンプとタムヒンキャンプから，71名のグループが自発的に帰還（第一弾）. |
| 2017年1月～2017年12月 | ・自発的帰還センターは，キャンプにおいて情報のハブとして，またロケーションのサインなどを行う場としての役割を担う. |
| 2018年3月 | ・メーラ難民キャンプとメーラ，ウンプアム，バンドンヤン&バンマイナイソイキャンプから164人の難民（50世帯）が，カレン州，カレンニー（カヤー州），ヤンゴン，バゴーとサガイへ帰還. |
| 2018年6月 | ・ビルマ政府は，メーラキャンプで「国籍前の検証 pre-nationality verification」を決定するためのミッションを行うことを継続. |
| 2018年7月～ | ・メーラ難民キャンプからの難民の帰還準備が開始[2]. |
| 2019年2月20～22日 | ・約500人がキャンプ5カ所（メラ・ウンピアム・ヌポ・バンドンヤン・カレニー系の1キャンプ）から帰還. |
| 2019年7月1～3日 | ・300名が帰還（キャンプ6カ所から）. |
| 2019年末までに4回 | ・合計で1039人（273世帯）の難民が帰還した. |

注1：参照：UNHCR HP（https://www.unhcr.org/cgi-bin/texis/vtx/refdaily?pass=52fc6fbd5&id=53c60a298，2022年1月22日最終アクセス）.

注2：2018年に帰還した難民は，蚊帳，旅行カバン，衛生キット，交通費，家族5人分の25,000バーツ程度の現金などが支給されている．帰還理由としては，子どもたちにミャンマー国内での教育を受けさせ，大学に進学させたいと点などがあげられる．しかしながら，ヤンゴン市内における生活費は高額になるため，進学が難しいという［2022年9月23日のシャンティへの聞き取り調査より］.

出典：Perkins［2019］を基に筆者作成.

### (2) 帰還事業のプロセスと課題

2012年のビルマ政府の民政移管を受けたタイ政府が、2020年を目標とした全難民の帰還達成(及びキャンプ閉鎖)へと動き始めた。今後の帰還をめぐる課題を考える前に、本節では、まず帰還事業がどのように進められてきたのか、プロセスと課題を追っておこう(概略は表3-2)。

## 3 難民の故郷意識

本節では、『OUR LIFE エピローグ:故郷』の考察を通して、難民の故郷の意識について、「第三国定住した難民からの視点」と「難民キャンプで暮らす難民の視点」の両面から考えてみたい。

難民キャンプで生まれ第三国定住した難民たちは、帰還、つまり自らの故郷をどのように考えているのだろうか。彼らにとって第三国定住地は、仮住まいの土地なのか、それとも定住地なのか。

第三国定住難民は、アメリカへ渡航後1年経過すれば永住許可(グリーンカード)の申請資格を、5年経過すれば市民権の取得申請資格を得る。出入国が自由になり、職種に関係なく就労することも可能になり、タイやビルマへの渡航も可能になる。

帰還に関して、彼らはどのように考えているのだろうか。以下は、ダラツゥの兄のレーダの語り(2017年3月)である。

[シーン9]

レーダ:タイやビルマに帰っても、将来何をしたらよいか分からない。タイやビルマでの生活は、想像できない。でもアメリカにいれば、将来の人生設計が立てられる。新しい人生を作りだせるんだ。仕事をして稼いで将来を切り拓ける。僕にとってはアメリカが、将来が開ける所だよ。タイやビルマに帰っても、何をしたらよいのか分からない。タイ語を学ぶのも大変だよ。でも英語だったら、どんどん上達できる。アメリカの方が生活しやすいよ。どうしたらよいか分からないけれど、チャレンジしてみるよ。

筆者がインタビューしたアバディーンに住むカレン難民の多くが、レーダと同様の意見であった（インタビューを実施したのは、クーデターがおきる前である。表面上は、ビルマの民主化への動きが加速していた頃だ。それにもかかわらず、彼らは、帰還という選択肢を持っていなかった）[2]。

長年にわたり迫害を受けてきた難民のビルマ国軍に対する不信感は、民主化以降も消えていなかった。民主化の動きも当時から懐疑的な目でみている難民は少なくなかった。彼らは、ビルマの国内状況をＳＮＳなどのソーシャルメディアを利用しながら得て自ら判断している。そして、彼らが帰還を躊躇う最も大きな理由が、生活環境への不安である。以下のダラツゥの語りからは、そのような難民の不安が読み取れる。

［シーン10］

ダラツゥ：難民キャンプにいる家族と友達に会いたい。故郷に帰りたい。アメリカでは幸せには暮らせない。でもここには闘いがないから怖いものはない。ビルマは怖いがここは安心だ。働けばちゃんと食っていける。でも仕事ができない人たちはどうやって生きていけばいいんだ……。

長い内戦の中、多くの難民たちが、親戚・家族単位で国境へと移動している。そのため、就労条件や子どもたちの教育環境や教育機会などに不安を抱き、祖国には戻らず第三国定住することを望んでいる者も少なくない。また、迫害を直接受けてきた難民たちのビルマ政府への不信感は、新政権に移行してもすぐには消えるものではなかった。

このダラツゥへのインタビューは２０１５年に行ったものである。つまり、クーデターが起きる前から、難民たちはそもそも、ビルマの民主化や和平交渉を、心から信用はしていなかったのである。

アメリカでの撮影の際に、ダラツゥから、難民キャンプに暮らす母へのプレゼントとして届けるように渡されたiPadビデオメッセージには、「友へ」というギターの弾き語りが録画されていた。

「友へ」

僕らを支えてくれてた人は、もう去ってしまったよ
僕たちの夢は終わった
学校へ通っていた頃は僕たちには夢があったね
友よ　あの頃が懐かしいよ　君に会いたい
夢を叶えるまで一緒に頑張ろう
僕らは戦いのために離れ離れになったよ
友よ　君に会いたい
僕らが学校へ通っていた頃　よく遊んだよね
僕のこと覚えている？
友よ　僕たちが間違いを犯した時——
僕らは先生によく叱られたよね
僕らは先生を責めたけど　僕らを愛していたからなんだね
僕らは今　外国にいて離れ離れ
あの頃僕らはやんちゃだったね
学校はもうすぐ閉鎖される
僕は君にまた会いたい

友よ　僕のことをまだ覚えているかい？
僕らはまだ何も知らない
夢は終わったんだ
希望がなくなったよ
友よ　僕はあの頃まだ何も知らなかった
僕らの学校はもうすぐ閉まるんだ
故郷に帰る時がきたんだね
武器を持って……
僕らは離れ離れだけどいつも君を想っているよ
友よ　僕らのことを忘れないでいて……

この歌は、2015年当時、ビルマの民主化が進みつつある中で、難民キャンプが閉鎖され、難民の帰還が始まろうとしていた頃に収録されたものである。歌詞には、ダラツゥの当時の心境が反映されている。アメリカでの撮影中、カメラの前では、「難民キャンプへ戻りたい」と語っていたが、自撮りしたビデオカメラに収められた映像では、難民キャンプには戻らず、アメリカでの生活を続けていこうとするダラツゥの意志が歌詞に込められていた。「夢は終わった。これからは、目の前の現実に向き合いながら生き抜いていく」、そうした覚悟を決めた詞ではないだろうか。

ダラツゥは、ギターを抱えて歌う姿の背景に、部屋に飾ってあるカレンの国旗を写り込ませていた。アメリカに暮らす彼らの心のよりどころは、難民キャンプで暮らした生活そのものなのかもしれない。

そして、このような「つながり」は、出身地や世代の違いの他にも、周囲を取り巻く政治的・経済的・社会的・

文化的なさまざまなファクター」によって、あるいは、ホームを語る対象によって新たなに意味づけられつづける流動的な性質をもっている［奈倉 2014：15］(3)。

では、ビルマ国内で生まれ、難民キャンプへ逃れてきたダラツゥの母や父にとっての故郷とはどこなのだろうか。カレン難民が難民キャンプに暮らし始めて35年以上の月日が経っている。カレン州には、今は家族や親戚をはじめ、知りあいが誰も住んでいないという難民も少なくない。それでもやはり、生まれ育ったカレン州が、彼らの帰る場所（故郷）なのだろうか。

彼／女らの多くが、ビルマでは農業を営んでいた。しかし、長年のキャンプ暮らしで、農作業からも遠のいていたばかりでなく、高齢になり、身体も自由に動かない。難民キャンプで亡くなった家族や親戚たちのお墓も難民キャンプ内にある。

1980年代～1990年代にビルマから逃れた人びとにとって、難民キャンプでの時間は、カレン州に住んでいたよりも長い。ダラツゥの両親のように、30年以上も難民キャンプに暮らし続けてきた人びとにとって「帰還」とは何を意味するのであろうか。

『OUR LIFE 第一章』を制作中、筆者は「難民キャンプが閉鎖されたら生まれ故郷に戻りますか？」とダラツゥの母に聞いたことがあった。彼女は、「カレン州に戻っても、家族も知り合いも今は、誰もいない。タイ国内に暮らす妹家族の所へ行きたい」と言った。

子どもたちは、カレン兵士の長男と、難民登録番号を保持していない三男ガイ以外は全員、アメリカへ第三国定住してしまった。ガイは、結婚後、妻の実家へ移り住んだため、いつも賑やかで笑いに包まれていた家には、母と父だけが残された。二人は、静かな暮らしを送り続けていた。

帰還事業が始まる中、ダラツゥの母は、今どのような心境で暮らしているのか。

『OUR LIFE エピローグ：故郷』の撮影のラストシーンは、本国帰還に関してダラツゥの両親へのインタビューを行うつもりでいた。しかし、2020年初めにはじまったコロナ禍のために、タイへの渡航ができなくなり、撮影も中断した。

そうして、筆者が日本でコロナが落ち着くのを待っている間、ダラツゥの母は、2021年8月、病いを患い他界した。享年62だった。ダラツゥの母の語りを聞く機会は、この先二度と訪れない。

以下のダラツゥとの会話は、2013年末、ダラツゥがアメリカへ出発する数週間前に撮影した映像である。難民キャンプに残る不安と、息子との別れへの哀しみがあふれた会話である。この会話が、2人が同フレームに収まった最後の映像となった。

母：子どもたちが皆居なくなったら、私はどうやって生きていけばいいの……。私もアメリカへ行こうかしら。
通訳：息子さんたちと住む？　息子さんたちが面倒みてくれますよ。
母：わからないわよ。皆それぞれ家族があるから。家族を優先すると思うわ。
ダラツゥ：僕は違うよ。お母さんの面倒ちゃんとみるよ。
母：アメリカへ行ったら、電話さえかけてこないわよ。
ダラツゥ：そんなことないよ。アメリカへ着いたら、真っ先にお母さんに電話するよ。
お母さんが最初。それから皆へ連絡するよ。僕はアメリカへ行ってお母さんを忘れるようなバカ息子じゃないよ。僕をここまで育ててくれた人だよ。どうして忘れられるの。母親への恩を忘れる人もいるけれど、僕には簡単にはできないよ。

ダラツゥの母がビルマから逃れ、難民キャンプで暮らし始めたのは、1984年、彼女が25歳のことだった。それから37年の間、人生の半分以上を難民キャンプでの生活をおくったことになる。

結局ダラツゥは、2013年末に渡米後、一度も難民キャンプへ戻ることができず、母親との再会を果たせなかった。第三国定住した難民たちに市民権が与えられるのは、入国の5年後である。その間、国内における移動の自由は保障されているが、国外への移動にはさまざまな制限がかかる。２０２０年以降も、コロナ禍下の難民キャンプへの出入りは制限がかけられた。

ダラツゥのFBには、母の生前の写真やお葬式の際の写真、そして火葬される映像や写真などが、弔いの言葉とともにアップされていた。お葬式の写真には、ダラツゥの父と三男ガイ、そして親戚たちが母を囲んで撮られたものも含まれていた。

アメリカとタイとの離散した家族は、現地から配信されるお葬式の動画映像を通して、つながりあい、それぞれの場所から一緒に母を見送り弔った。ダラツゥの母の葬式は、難民キャンプの敷地内で仏教式の火葬で行われ、お墓も難民キャンプの敷地内のダラツゥ家からバイクで約5分の山の麓に作られた。今後、ビルマ情勢が落ち着き、難民キャンプが閉鎖される方向性に再び向かった際には、ダラツゥの母のお墓も一緒に移動させられるのだろうか。

ダラツゥの母にとっての故郷とは、生まれ育ったカレン州だったのかもしれない。しかし、難民キャンプで生まれ育ったダラツゥにとっての故郷とは、一体どこなのか。

在日朝鮮人の徐京植は、著書『民族を読む』の中で、在日朝鮮人にとっての故郷（祖国）とはどこかという問いに対し、以下のように述べている。

「その土地に生まれなくても、その土地に住んでいなくても、その土地に骨をうずめなくても、その土地の言葉を必ずしもしゃべれなくても、しかしある人々との運命の共通性をもつということ、そして共有される死と生のイメージをもつことが、祖国を持つということである。」〔徐 1994：128〕

ダラツゥにとっての故郷とは、徐京植が述べるように、「共有される死と生のイメージ」を共有できる「何か」なのだろう。それは、戦いで取り戻すことができる「場所」ではないはずである。

次節以降は、『OUR LIFE』映像の内容考察から一旦離れ、カレン難民の帰還に関して今後の課題に関して考えたい。そして、ビルマ・タイ国境地域において長期にわたり難民支援活動してきた国際NGO団体の活動内容を事例に、難民の帰還をめぐる支援の可能性について考えてみたい。

## 4　帰還の課題と難民キャンプと帰還地をつなぐ国際NGOの取り組み(4)

2016年10月に第一陣の難民71名が帰還以降、自主的に帰還した難民の総数は、2019年末時点では全住民の約3%の1000人程にすぎなかった。一体、難民の帰還がスムーズに進まなかった要因は何だったのか。Nishimoriは、2015年度の調査から、難民は、それぞれ異なる背景と経験があり、それが帰還を困難にさせていると指摘している。たとえば、山地住民はビルマ国内の安全保障の問題が解決していないため帰還はまだできないと判断しているが、低地住民はビルマでの生計を充分に立てていけるかどうか、仕事の側面などから帰還の是非を判断しているという［Nishimori 2020］。

自発的な帰還を促すためには、和平プロセスの進展と南東部地域全体の安全保障の回復が不可欠である。難民キャンプに数十年も暮らした難民たちが帰国する場所は、出身地とは限らないため、帰還の過程で適切な場所を提供する必要性もある。治安が改善されたとしても、複雑な土地問題や難民たちの高齢化や医療ケアなど、課題も多い。

Nishimoriは、また、難民の自発的帰還の実現のためには「持続可能な安全保障コミュニティ」を目指すべきであり、そのために必要な条件として、とくに若い人たちを引き付けるべき地域ベースの産業を作りだす必要性を提示し、国家／地域の安全保障だけでなく、帰還後のより良い持続可能な生活の構築が不可欠であることを示唆している［Nishimori 2020：138］。

その他、UNHCRにより進められている帰還作業が年に2回しか行われていないことなど、難民の帰還に関しては、山積する課題が放置されていることが指摘されている。ビルマ政府が不安定な現状下、地域コミュニティと国際NGOなどとの協働による帰還政策の練り上げと、地域住民の声を生かした支援対策がより重要である。

難民の帰還地で、帰還事業の取り組みをはじめた国際NGO機関の一つに、日本で唯一、ビルマ＝タイ国境の難民キャンプで活動を展開している「シャンティ国際ボランティア会（Shanti Volunteer Association 以下、シャンティ）」がある。(5) シャンティは2000年9月からメーホンソン県メーサリアンを拠点に、タイ・ビルマ国境に位置するメコンカ難民キャンプで本を通した教育・文化支援活動（図書館活動支援事業）を開始し、2001年11月にはメーソットにもオフィスを設け、活動対象キャンプ地を拡げていった。

タイ国内の国境沿いに位置する7つの難民キャンプ（メラウ、メラマルアン、メーラ、ウンピアム、ヌポ、バンドンヤン、タムヒン）で活動し、15館の図書館における活動を行い、これまで、年間延べ約40万人の難民らがこれら図書館を利用してきた。(6)

図書館活動や読み聞かせ、絵本などの出版事業などの子どもたちへ教育を通した教育支援活動の他、2004年からは、伝統舞踊、伝統楽器、カレン語などの文化活動や高齢者向けの活動なども開始した。また2006年からは、図書館青年ボランティアを発足し、青少年向けの活動を開始した。さらに2009年からは「難民子ども文化祭」、2011年からはサッカーフェスティバルを開催し、文化交流の促進を目的としたプロジェクトなども実施している［シャンティ 2021a］。(7)

図書館に通うのは、カレンの子どもたちばかりではない。第1章で触れたように、難民キャンプの学校ではカレン語の教科書が使用されているため、カチン人やモン人などカレン以外の少数民族やビルマ人の子どもたちが、より多くの本へアクセスできるように、図書館にはビルマ語に翻訳された絵本なども常備されている。家庭の諸事情で学校へ通えない子どもたちが教育を受ける機会や、帰還に備えカレン難民たちがビルマ語を学ぶ機会を与えている。

このような活動は、シャンティが1981年から携わってきたカンボジア難民支援の経験が生かされている。2014年には、ビルマ国内（ヤンゴンとピー地域）に事務所を設立し、支援活動（①僧院・公立学校改善事業、②ノンフォーマル教育事業、③公共図書館改善事業、④児童図書出版改善事業）に携わってきた(8)。

さらに2019年には、カレン州パアンにミャンマー国境支援事業事務所（Myanmar Border Project Office：通称MBP事務所）を開設した。

シャンティの活動地の一つに、帰還民の一部が暮らす、ビルマ・タイ国境沿いのミャワディ地区レイケイコー村がある。レイケイコー村はカレン州の主要都市ミャワディから南に14km、車で40分ほどの場所に位置する。

この地では、2016年3月から公益財団法人日本財団により支援活動が行われてきた(9)。2019年までに、800戸の住居が建てられ、786世帯3199人（男性1571人、女性1628人）が入居した。難民キャンプから帰還した世帯は、65世帯であった［内田 2019］。

シャンティは、村における帰還民の再定住支援として、帰還民と地域住民が集う場としての図書館を備えたコミュニティ・リソース・センター（以下、CRC）の建設支援を計画した。

CRCでは、書架以外にも、パソコンを設置するなど、帰還民が情報収集を行い、情報共有ができる場ともなっていた。CRCの取り組みの目的は、シャンティによる子どもたちへの本の読み聞かせや情報提供だけでなく、既存住民によるカレン帰還民の理解促進や、現状の問題や問題解決のための方策などについて話し合うディスカッションの場を提供することで、カレン自身によるネットワーク形成の促進へとつなげることである。

このようなシャンティによる活動は、現地地域コミュニティにおける帰還民の居場所（コミュニティ）づくりに繋がる可能性を秘めている。

## 5 パンデミック下のクーデターと国内避難民

ところが、順調にみえたシャンティの活動と期間事業は、2021年2月1日を境に、停滞を余儀なくされてしまった。ビルマ国軍によるクーデターがおきたのである。2020年初めから新型コロナ感染症のパンデミックで一年近く国境が閉鎖されていたが、クーデターで警備がさらに強化され、国境が再び開かれる見通しが立たなくなった。

両国政府間や国際NGO機関などにより進められていた難民の帰還事業活動は滞り、ビルマ軍による民主活動家や少数民族への弾圧が強まりはじめた。戦闘に巻き込まれたビルマ人や少数民族の人びとが国境を越え、タイへ逃れてくる事態へと陥った。

本節では、クーデターが難民をはじめとする国境地域に暮らす人びとにどのような影響を与えたのかをみていきたい。

2021年2月のクーデターは、コロナウィルス感染症パンデミック下の2020年11月に行われた総選挙ではNLDが圧勝し、ビルマの民主化が一層進み、難民の帰還が一気に前進するかと思われていた矢先の出来事だった。軍政側の新たに結成された組織も増加されるといわれる一方で、ビルマ国内では、少数民族の武力勢力グループのみならず、反軍政の武装勢力（PDFなど）も立ち上がった。少数民族の武力勢力グループと反軍政の武力勢力が合流し、闘いは複雑になっている［佐々木 2024］。

2021年12月14日には、PDFのメンバーが潜伏させているとの理由でカレン州レイケイコー村のKNU拠点がビルマ国軍の襲撃を受け、戦闘が起き、(10) 双方に死傷者が出たといわれている。住民約7000人のうち約3800人がタイ側の国境へ避難した［TBC 2022］。12月24日には、カヤー州でも、国軍による攻撃を受け、少なくとも

30名の住民が殺害された[11]。

このような状況下、両国政府間や国際ＮＧＯ機関などにより進められていた難民の帰還事業活動も滞り、逆に、ビルマ人や少数民族の人びとが国境を越えてタイへ逃れてくる事態となった。そのため国境警備が厳しく管理されるようになり、国内避難民も増加した[12]。

２０２１年８～12月にタイ・ビルマ国境地域で調査を実施したシャンティの報告書によると、国内避難民は空爆により家や田畑を失い、治安状況も悪化したために村から、国境地域のビルマ国内へ逃げてきた人びとが主である。中でも、非都市部から非都市部へと避難する人びとは、家族と共にジャングルや洞窟の中を移動する生活が長期化しており、より過酷な状況であるという。また、約70～80名の避難民が、難民キャンプへ流入したことが確認されている［シャンティ 2021b］[13]。

ＵＮＨＣＲのデータによると２０２４年10月時点で、紛争で家を追われ、定住地を失いつつも国境を超えない国内避難民はビルマ国内に約３４５万人いる[14]。

『OUR LIFE』第一章の撮影中、カレン州内で国内避難民への援助活動にあたっているカレン人Ｗにカメラを渡し、撮影を依頼したことがあった。Ｗは、本書の第1章でも触れた難民キャンプ内に建てられた、ＫＫＢＢＳＣＰＳ（the Kawthoolei Karen Baptist Bible School and College）の卒業生でもあり、卒業後、奨学金でインドへ留学した後、再び難民キャンプへ戻り教育活動を行っているカレン教師でもある。タイ国籍を保持しているため、キャンプ内外を自由に行き来できるため、国境の国内避難民へ物資を届けながら、布教活動などを行っている。

Ｗがビルマ国内カレン州で撮影した映像には、銃訓練の様子、そしてＫＮＬＡ（カレン民族解放軍）の10代の兵士や、川沿いの鋼山で働くカレンの人びとの姿などが映し出されていた。以下は、カレン州タボイ村での援助活動からタイ国内へ戻ってきたＷにインタビューした時（２００７年）の語りである。

［シーン11］（映像には入っていないシーン）

W：国内避難地域は、とても寒かった。食べ物も不十分。避難地域では農作業がちゃんとできない。作物はダメになってしまっているし。唐辛子を作っていたよ。お米を作って、自給自足の生活をしてたけれども、でも充分ではない。土地がよくなくて穀物が育たないんだ。不安定な生活を送っている。撃ち合いもしているし。生活はとても大変。また来て欲しいと言われたけれど、僕には何もできない。彼らを励ませるだけ。教会で説教したり。若者の多くは勉強したがってる。子どもたちも青年たちも、みんな学校に行きたがってる。僕はどうやって彼らを助けられるか分からない。どうしたらいいんだろう。でも僕は、彼らのために頑張るよ。どうにかして予算を作って、彼らを難民キャンプに連れて行きたい。そして学校で教育を受けさせたいと思ってるよ。

Wが撮影した映像に映っていた国内避難民やKNU兵士たちは、ビルマが軍事政権下に戻ってしまった今、どのような生活を送っているのだろうか。国境を越えられた者、国境を越えられず、身を潜めている者たち。また、KNU兵士から避難民への銃訓練などが続けられていた中で、KNUの兵士となっていく居場所を失った子どもたちや日々の生活に困窮する女性たちが増えている可能性もある。

今後、ビルマ軍事政権下での、支援の在り方が問われるだろう。犠牲者が出さないために、国際社会が貢献できることは一体どんなことであるだろうか。支援事業を進めていく中で、かれらにどのようにアプローチできるか、大きな課題となるだろう(15)。

## 6　難民の帰還（故郷）を撮る視点

本章では、制作中のドキュメンタリー『OUR LIFE　エピローグ：故郷』の場面分析を通して、難民の帰還をめぐる課題と難民にとっての故郷意識に関する考察を行った。本章の最後に、映像から、明らかになったことをまとめる。

タイ＝ビルマ国境に位置するメーラ難民キャンプは、設立から長い年月が経っているため、すでに数世代を経て社会構成員の多くが入れ替わっている。そうした難民コミュニティでは、人間関係も次々に変化していた。このような環境において、難民たちの「故郷」の認識は多様であり、家族間及び世代間における認識も、カレン州で生まれ内戦中に親戚・家族単位で国境難民キャンプにやってきた年長者と、難民キャンプで生まれ育った若者たちとの間には、差異が生じていった。

難民キャンプの生活が長期化するにしたがって、独自のコミュニティや文化が形成され、独自のアイデンティティが生み出されるようになった。「故郷」を知らない難民たちの多くは、ビルマへの自主的帰還を躊躇っている。仕事環境や子どもたちの教育環境を考え、第三国定住への移住やタイ国内に滞在することを望む者も少なくない。

ダラツゥの場合、難民キャンプには、ダラツゥの父と三男（ガイ）が、今も暮らしている。しかし、ガイも第三国定住へ申請をした。母が亡くなり、友人も次々に難民キャンプを去っている。父母の故郷のカレン州にも、今は父の姉弟が数人住んでいるのみである。

第三国定住したばかりのダラツゥは、「故郷に帰りたい、母に会いたい」と語っていたが、アメリカ生活に馴染んでいくと、そうした語りも減っていった。

ダラツゥより2年前に第三国定住した、ダラツゥの兄レーダは、「タイやビルマに帰っても、将来何をしたらよいか分からない。タイやビルマでの生活は、想像できない。でもアメリカにいれば、将来の人生設計がたてられる。新しい人生を作りだせるんだ」と語る。

さらに、帰還後の定住地における生活環境への不安は、クーデターで一層高まった。

２０２１年のクーデターにより、タイ政府とビルマ政府、そしてＵＮＨＣＲなどの国際援助機関により進められていた難民帰還事業は、停滞した。しかし、タイ政府の方針が変更されない限り、いずれ難民キャンプは閉鎖され、難民はキャンプを出なくてならない。ビルマ国内と難民キャンプの両者で支援活動を行っているシャンティをはじめとする国際ＮＧＯ団体は、「生まれ故郷」への帰還後に、難民（帰還者）たちがコミュニティを形成し、不安なく日常生活を送り、自立した生活が送れるよう、難民キャンプ内と帰還地を繋げた形での支援活動を行っている。難民キャンプのみならず、帰還地（現地）の日常生活やコミュニティに精通している現地ＮＧＯスタッフは、帰還地のコミュニティ形成においても引き続き重要な役割を果たすだろう。

第三国定住地でカレン人たちが自助組織を形成し、教会での活動やＳＮＳを通したネットワーク形成を行っているように、帰還地においてもコミュニティ形成の拠点の場所が必要とされることは明らかである。

したがって、「帰還」という難民の移動は、難民生活の終わりを意味するものではない。難民の自発的な帰還とコミュニティ形成が促進されていくよう、今後も引き続き、難民の帰還をめぐる動態に関しての考察を続けていく必要があるだろう。

以上、第１〜３章においては、難民の日常と越境をめぐるドキュメンタリー『OUR LIFE』の映像を通し、難民の生きざまを考察した。タイ＝ビルマ国境の難民キャンプで生まれ育ち、祖国ビルマを知らないダラツゥ少年が、難民キャンプから第三国定住地のアメリカへと移動した結果、ダラツゥの日常生活はどのように変化し、ダラツゥの両親の日常生活へどのような影響を与えたのか明らかにすることを、映像分析を通して試みた。

次章において、登場人物や同様の境遇にある人びと、関係者・支援者らが、これら映画をどのように理解し、受容するのかを、映画上映会の「場」の分析を通して考察する。

## 注

（１）参照：https://dop.gov.mm/sites/dop.gov.mm/files/publication_docs/ics_appendixtables_en.pdf（２０２４年８月21日最終アクセス）。

（２）この背景にはロヒンギャへの政府の対応に対する難民の見解も含まれていることは、否めないだろう。ロヒンギャ問題に関しては、本書では詳しく扱わないが、今後のカレン難民の帰還をめぐる考察においては、ロヒンギャ問題やビルマの少数民族全体を視野に入れる必要があろう。

（３）ダラツゥのように、難民キャンプで生まれ、両親の故郷では生活したことがない難民にとっての故郷とは何か。難民の故郷の創出に関する先行研究に関しては、アフリカの研究を中心に序章で触れたが、本章では、ミャンマー中国帰国華僑女性に関する奈倉京子の研究事例を参照に、故郷認識「ホーム」に関する先行研究にも触れておきたい。奈倉は、これまでの「帰還」に関する研究においては、多元的故郷意識が内包されていないことを指摘する。そして、ライフヒストリー研究によるアプローチから、アイデンティティを再生産していくプロセスを分析することを通し、所属意識としての特定の土地を見いだせず、結び付けることもできない人の「ホーム」に関する考察を試みている。そこでは、調査対象者が、つながりの複合性が作り出す「ホーム」の中に生き、「過去・現在・未来とそこで生きる生活空間の総体」としての立ち現れるものとしての、「ホーム」が明らかにされている［奈倉 2014：215–216］。

（４）本章に関する内容は、終章の後の対談を参考にして頂きたい。

（５）シャンティは、曹洞宗東南アジア難民救済会議（ＪＳＲＣ）として１９８０年にカンボジア難民のための移動図書館活動による支援活動を開始したボランティア団体である（１９８１年、ＪＳＲＣの活動を継承する曹洞宗ボランティア会が発足、１９９９年にシャンティ国際ボランティア会（以下、シャンティ）に改称された）。東南アジア諸国を中心に、ネパールやアフガニスタンにおいて、紛争や貧困、自然災害などで教育を受けられない子どもたちへの教育支援を行っている（日本国内においても、被災地などでの緊急支援活動などを行っている）。これまで建設した学校は４５６校校、図書館・図書室設置は１０６３館、館、絵本や紙芝居を６７８タイトル（97万５４６３冊）出版し、約１６８１万人の子供たちに本を通した教育の機会を与えてきた。緊急人道支援活動は、これまで１０８回（海外75回、国内33回）出動されてきた（https://sva.or.jp　２０２４年９月25日最終アクセス）。

（６）これまでに難民キャンプに21館の図書館を設立。２０１９年４月に６館が閉鎖され、その後、図書館統合が行われ、15館となった。２０２２年時点、大人用の書籍が１万２５７９冊、子ども用の絵本が５６０２冊、参考書がおよそ２７８４冊配架されている［２０２２年９月23日のインタビュー調査より］。

（７）シャンティの活動に関しては、渡辺［2006］と中原・三宅・渡辺［2011］およびシャンティ［2023］に詳しいので参照して頂きたい。

（8）また、家庭の諸事情で学校へ通えない子どもたちのために、僧院による教育活動なども展開し、ビルマ国内に4つの僧院教育機関を設けた。

（9）２０１４年1月、日本政府はミャンマーに対して１００億円支援を決定した。その内、30億円の支援資金が日本財団による帰還支援事業にあてられた。

（10）TBC HP（https://www.theborderconsortium.org/　２０２２年2月19日最終アクセス）。

（11）毎日新聞ＨＰ（https://mainichi.jp/articles/20211221/k00/00m/030/213000c『毎日新聞』12月21日付、12月26日最終アクセス）。

（12）国内避難民（Internally Displaced Persons: IDPs、以下、ＩＤＰ）とは、「国境を越えていないことから、国際条約で難民として保護されない人々のこと」をいう。参照：UNHCR HP（https://www.japanforunhcr.org/refugee-facts/what-is-a-refugee　２０２１年11月24日最終アクセス）。

（13）シャンティは、レイケイコー村の他、同州ゾーズィーミャイン村（人口約７００人、約１９０世帯）においても、活動開始当初は予定していたという。その後、ＣＲＣの建設は終了せざる終えなくなったが、カレン州などでの僧院学校における学校及び図書館建設の事業を継続している。

（14）UNHCR HP（https://data-dev.unhcr.org/en/country/mmr　２０２５年1月16日最終アクセス）。

（15）さらに、タイ国内に暮らす、無国籍のビルマ人の課題も少なくない。ターク県マハーチャイ地区には、ビルマ出身の移民たちが多く住む町である。国籍をもたないビルマ人やカレン人なども中には存在し、教育を受ける機会が乏しい。また、家計を助けるために、労働許可症を保持せず、ゴミ処理場などで働かざるをえない子どもたちなども少なくない。不法移民の子どもたちの多くが、衛生状況の悪い過酷な労働環境の中で暮らしている。経済的事情で国境を越えてきた移民たちは、身の安全を求めて国境を越えてきたビルマ難民キャンプの難民たちとは背景や目的が異なるが、滞在許可の問題や賃金の問題など、不安定要素を多く抱えている人びとである。タイ＝ビルマ国境における地域全体における課題に関する問題解決にも早急に取り組まなければならないだろう。

# 第4章

# 上映を通した視点の共振

本章では、映画の上映をめぐる「撮る者」と「撮られる者」と「観る者」の視点の共振に関する考察を行う。研究（撮影）対象となる人びとへの作品上映を通し、他者が捉えるカレン難民の社会文化のイメージを難民自身がどのように捉えるかという視点を研究に取り込むことで、分析に厚みを加え、地域研究の手段としての映像の有効性と可能性、およびそれが含む問題点を提示する。

また、カレン難民の第三国定住地における上映を通して、日本の支援の今後の在り方についても議論を発展させる。上映後のディスカッションを通した対話を記録し、当事者である難民や在日ビルマ人たちと映像を一緒に観ることで、その「場」にどのような関係性が生じ、どのような公共空間が形成されたのか、「観る者」の視点を含めた分析を行う。

そして、上映を通して対話する「場」において「撮る者」と「撮られる者」と「観る者」の視点を重ね合わせれば、これまでメディア表象が創りだしてきた難民のイメージを崩し、新たなイメージとして再創出することを提示する。

## 1　上映における視点の変容――上映と編集の往還

映像はどのように私たちの世界を揺るがし、豊かにすることが可能か。

映像の解釈は、観る者に依るところも大きい。映像を観る者は、自身の経験や記憶をもとに、映像に意味づけをしていく。そのため、映像そのものは公共に開かれているものである一方、観る者の捉え方によっては、親密な空間ともなる［直井 2019b：190］。

繰り返しになるが、『OUR LIFE』の制作には、「共振のドキュメンタリー」の手法を用いた。ここでいう〝共振〟とは、撮る者と撮られる者のみならず、観る者を含めたものでもある。劇場（上映会場）では、その共振に、観る者も加わることで、観る者も、視点を変容させていきながら、新たな現実を生成していくことが可能となる。そのため、観る者には、共感を強いるような構成は避け、撮る者の意図を押し付けることなく、観る者が、それぞれの動機付けができるよう、作品にはナレーションや音楽などを省き、字幕を最低限に入れることで映像に余白を作り、観る者が各々の経験によって解釈できるような作品制作を試みた。

映画館という公共空間での上映は、開かれている場であるが、観客が、多様な解釈が個々の内面で行われていく視点の変容をその場で共有することは難しい。映画を観賞後に、ネットやSNSなどを通して、個々人で、映画の感想などを書き込み、その映画評と自分の視点を照らし合わせていくに留まる。

そうした中、映画館における劇場公開中には、監督や関係者などによる質疑応答が頻繁に行われ、難民映画に関しても、前章で触れたUNHCR映画祭など、国際援助機関などによる映画祭など、さまざまな形式による上映の試みが行われている。

また、近年、劇場公開とあわせて頻繁に行われているのが、自主上映会による上映である。市民ネットワークなどによる自主上映活動は、地方都市など、映画館へのアクセスが不便の地域に暮らす人びとにも参加可能な上映空間を自ら形成し、地域の人びとを巻き込みながら、場を生み出す。そうした自主上映会活動は、映画を観るのみならず、自らでチラシやポスターなどを作成し配布し、宣伝活動を行うこと自体が、「創る」過程のプロセスを通した地域のつながりと、公共空間を形成することへとつながる。自らが、会場案内やチケット販売などを行うことで、他の観客との直接的コミュニケーションも生まれる。

また、こうした自主上映会では、劇場では長時間セッティングすることが難しい上映後の監督トークも可能となり、主人公と観客などとの対話の時間を設けることもできる。地域の専門家や映画のテーマに関わる関係者や、また映画制作の背景や舞台となった地域の歴史的背景に詳しい地域研究者などがゲストとして参加することにより、観る者は、作品をさまざまな視点から改めて観なおすことが可能となる。そうした上映後のトークでは、自らの視点を他者と共有しながら、その差異を知る。観る者は、自らの経験によって映像に意味づけし、リアリティを形成していく。また、異なる視点を知ることにより、新たな視点を主体的に生みだすことが可能となる［直井 2019b：188-189］。

一方、政治的メッセージの強い映画の自主上映会には、同じような問題意識や視点を抱える者同士が集う自主上映委員会が立ち上がる傾向があり、閉鎖的な空間になってしまう可能性もある。そこでは、お互いの視点の確認にとどまり、新たな視点が生まれにくい。

本書で紹介してきた『OUR LIFE』は、難民問題を提起し解決策を見出すための作品ではなく、作品を通して、難民の生きざまが「現れる」状態にし、観る者がそれぞれの視点で、難民の生のありようを、自分の日常の自身の生のありようにつなげ、自らの日常を批判的に観ることへとつなげることを意図した作品となっている。そこで重要となってくるのが、上映後の質疑応答を通した対話、そして対話を生み出す空間である。

『OUR LIFE　第一章：僕らの難民キャンプの日々』の初公開は、2010年度に開催されたUNHCR難民映画祭であった。国際映画祭などとは違い、会場は映画館ではなく、都内のフランス大使館であったため、外国人の観客も少なくない。上映会場には、NGO関係者や難民に関心がある学生などの姿も見られた。

自主上映会開催の際には、劇場公開とは違い、企画書制作や質問内容表を上映開催側に提出する際に、映画内容やねらいを伝える必要も出てくる。上映後には、主催者が観客へのアンケート調査を行う会場も多く、その結果をまとめたものを入手できる機会もある。アンケートには、映画の感想を記入する欄も大概設けられていて、観客が映画をどのような視点で観て、内容をどのように受け止めたのかを知ることができる。

そうした感想や反応のなかで、制作者の視点変容に最も影響を与えるのは、撮影対象者（主に主人公）からのフィードバックである。会場からは、映像シーンの意図など、解釈をめぐる質問が多くでた。ビルマ政府軍とカレン武装勢力、双方の私利私欲が戦争に結びつき、難民が生まれる要因となっている。そして難民も意志や欲がある我々と同じ「人間」である、という視点を観る者に考えてもらいたい、そうした視点で制作したが、物語性が薄く、制作者側の視点が伝わりにくいとの意見も出た。

上映後の観客からの感想やコメントは、制作者にとっては、映像で描き足りないものを発見する貴重な機会となった。

２０１０年度のＵＮＨＣＲ難民映画祭で初上映後、上映会を続けながら、第二章の続編制作を難民キャンプで再開した。しかし、再開直後、突如、ビルマの民主化にともない難民キャンプが閉鎖される方向に動き出し、ダラツゥが第三国定住を決定したため、撮影地をアメリカへと移し、撮影を継続した。

そして、２０１１年以降に追加撮影をした映像と、それまで撮影した映像を組み合わせながら、再編集し制作したのが、本書で考察した２０２４年版『OUR LIFE』である。

２０１０年度版を制作時には、２年間の参与観察による撮影進めながらテーマを設置し、１年間の編集作業で仕上げた作品に対し、２０２４年度版は足掛け15年を通した主人公ダラツゥのライフコースを分析した作品となっている。２０１１年以降は、テーマ（課題）の解決策を提示するための作品ではなく、映像制作を通して、主人公のライスコースを観察し、そこから、「難民の経験」（難民にとっての日常と越境（故郷））を描きだす作品を試みた。

２０１０年版と異なる点は、上記の筆者の視点の変容以外にもいくつかあげられるが、大きな違いは、ダラツゥと会話する際の使用言語である。ダラツゥと直接対話をしているシーンが多くインサートされている。その際、一部では、筆者がカレン語を話せないため、図書館内や小学校の教室などで、通訳を介したインタビュー形式を採用したものに対し、アメリカでは、ダラツゥが英語を使用できるようになったことで、レストランでの会話や、車の中での一対一の会話を行うことが可能となった。

そのため、編集上でも、筆者の声をそのまま残す形になっている。一部では、通訳を介したインタビュー形式による撮影だったため、質問部分は編集の際にカットしている部分が多くある。しかし、通訳も撮影後半では、ダラツゥ家族と親密な関係を築いており、筆者の質問内容に限らず、家族と日常の会話を交わしている。編集上でも、そのような通訳と家族の会話は、彼女の声をそのまま残すようにした。その結果、第一章では、姉弟喧嘩のシーンなどに、通訳も仲裁役として加わっている。そうした通訳の声も編集上には残している。

２０２４年版では、ライフコースを通して、難民の人生が伝えることで、第一章のようなメッセージを入れることなく、つまり、彼の生に撮る者の筆者自身が、勝手に彼らの人生を解釈し、意味づけすることを避け、彼らの生きざまと語りを時系列に映像をつなぐ作業を行った。編集にあわせて、２０１０年版の第一章の部分も、ライフコースに焦点をあてて、編集しなおした。

ドキュメンタリー映画から、物語（ストーリー）を排除することで、主人公のダラツゥの「語り」を「聞く」という行為自体に重点を置く編集スタイルへと変更していった。難民への共感を強いらずに、彼らの人生を描くこと、そして彼らの声を残していくこと、それを伝えること、それだけでも充分意味があると考えた。

ダラツゥの語りには、難民キャンプでの生活、つまり、自分の人生を振り返りながら、内省的に自己と向き合っていることが、表現できている。そうした彼の語りのシーンをそのまま残すことに意識しながら、編集を行った。そして、撮る者（筆者）が一方的に映像に説明をしたり、解釈などをしたりせず、ダラツゥのライフコースを撮った順序でつなぎながら、ダラツゥの言葉（語り）で、映画を組み立てるという視点へシフトした。しかし、この場合の言葉は、ナレーション的な、映像の説明や背景に関する解説のためのものではなく、あくまでも、ダラツゥの内省的な言葉（語り）である。そうした、語りの「場」をセッティングし、語りをそのまま繋げていくスタイルに変更していった。

ドキュメンタリー映像制作において重要なのは、撮影における「撮る者」と「撮られる者」の関係性のみでなく、編集作業における撮る者の、映像における気づきと発見、そして内省するという行為であると筆者は考える。作品は、編集過程で作り上げられていくため、時間をかけて映像を分析し、映像をあくまでも批判的に分析しながら編集作業まで、撮影した者（監督）自身で行っていくことに意味がある。

一方で、編集作業においては、知らず知らずに視点が固まってしまうことも免れない。そうした固定観念を崩しながら、常に自ら新たなイメージを形成していく必要がある。つまり、あくまでも作品を内省的（批判的）に観察する視点が重要になってくる。

そのために、ドキュメンタリー制作過程において、自分が撮影した映像のラッシュ（映像の素材）を、何度も批判的に見返すことが不可欠になってくる。なぜなら、その過程で、撮影中に意図せず撮っていた映像を、撮る者自身が発見する場合があるからである。そうした「非意図的」な映像の発見は、新たな視点の生成へとつながる［直井2019b］。

この作業は、撮影対象者と親密な関係性を形成した際に、最も重要なものとなる。この部分が欠けてしまうと、主人公のプロモーションビデオになってしまい、プロパガンダ（宣伝）映画の論理となんら変わらなくなってしまうからである。

さらに、編集の過程では、第三者に映像を一緒に見てもらい、コメントを貰いながら、編集作業を進めていった。また、最終編集作業時には、編集者に全体を見てもらい、編集を依頼し、映像を組み立て直す作業を行った[1]。作品の制作過程で第三者にコメントを依頼する場合、第三者と制作者との関係性の形成が作品に大きく反映される。撮影した映像の編集を外部の編集者に一任する場合、その作品は、編集者の手に委ねられる。その場合、監督自身の視点は内省されにくくなる。

こうして、映像撮影後、充分な時間をかけて編集しながら、同時に映像制作過程を文章化することで、自分の作品をあえて内省的に文章で綴りつつ、同時進行で自身の制作過程を自己観察していく手法を取り入れた。

本手法は、筆者の前著で行った「映像地域研究」の手法とは若干、順序が異なる。前著の際は、映像をまず完成し、上映し、その後に、その過程を自己反省的に分析していった。本書は、映像の編集作業の時点で、つまり映像完成前に、編集作業と編集過程の作品を大学機関などの内部での上映を行いながら、同時に綴っていったものである。

映像を観ながら、文章を綴るという作業は、どのように、映像の構成や編集作業、そして内容へ影響したのかという点も併せ、文章と映像との視点の相違点などにも触れてみたい。

本書を執筆する前、『OUR LIFE』の2つの作品の構成は以下のようであった（表4－1参照）。構成上での大きな変更点としては、まず、テーマを絞っていくことで、第一章の大学における教育や教師へのインタビューなどが不要になり、削除した。代わりに、第一章の終盤に、日常生活が変容していくシーンを加えた。

第二章は、第三国定住におけるコミュニティ形成というテーマは変化することがなかったが、本書を執筆中に、クーデターが発生したため、帰還を念頭に入れながらの制作方針を変更した（表4－2）。

この時点で、編集作業を一旦中断し、文献調査を進め、先行研究と本研究との比較調査を行った。また、先行する同じテーマの映画を視聴し、近年における難民に関するドキュメンタリーの分析を行った。その上で、先行研究

## 表4-1 『OUR LIFE』構成表

第一章：僕らの難民キャンプの日々（2010年版）

| 項目 | 内容 |
|---|---|
| 1．ダラツゥの一日 | ダラツゥの日常，伝統行事，食事 |
| 2．難民キャンプにおける教育 | 小学校での授業風景 |
| 3．大学における教育内容と教師 | 大学での授業風景 |
| 4．市場経済の流入 | 映画館，出店 |
| 5．国内避難民 | ビルマ国内の映像 |
| 6．カレン革命記念日 | カレン革命記念日の行事 |
| 7．大学の卒業式 | 卒業式，インタビュー |
| 8．ダラツゥの日常生活の変容 | 配給所～スマートフォン |
| 9．ダラツゥの改宗 | 教会へ 祈り |
| 10．ダラツゥと友人との会話 | 教育格差 |
| 11．干ばつのキャンプの様子 | 闘いが終わらない背景 |

第二章：夢の終わり（2018年版）

| 項目 | 内容 |
|---|---|
| 1．難民キャンプの変容とダラツゥの日常生活の変容 | 家族構成の変容．姉の結婚と出産 |
| 2．兄の旅立ち | アメリカへ旅立つ兄との別れ |
| 3．ビルマ国内の様子 | ヤンゴンの街並み |
| 4．ダラツゥの決断と旅立ち | アメリカへ旅立つダラツゥ |
| 5．第三国定住地（アメリカ）における日常生活 | 食事，ショッピング |
| 6．教会（インディアナポリス） | 教会での祈り，インタビュー |
| 7．第2次移住先（サウスダコタ）での日常 | 教会，きょうだいとの食事など |
| 8．ダラツゥの職場 | 仕事風景 |
| 9．日　常 | カレンショップへ買い物～家での日常，ダラツゥと兄の会話 |
| 10．国　境 | ビルマ・タイ国境の風景 |
| 11．難民キャンプ（父母の様子） | 父母の日常風景 |

出典：『OUR LIFE』（2010, 2018, 2024）を基に筆者作成．

## 表４－２　『OUR LIFE』（2024年版）

「第一章：僕らの難民キャンプの日々」

| 項目 | 内容 |
|---|---|
| 1．ダラツゥの一日 | ダラツゥの日常，伝統行事，食事 |
| 2．難民キャンプにおける教育 | 小学校での授業風景 |
| 3．カレン革命記念日 | カレン革命記念日の行事 |
| 4．市場経済の流入 | 映画館，出店 |
| 5．国内避難民 | ビルマ国内の映像 |
| 6．ダラツゥの日常生活の変容 | 配給所～スマートフォン |
| 7．ダラツゥの改宗 | 教会へ祈り |
| 8．ダラツゥと友人との会話 | 教育格差 |
| 9．干ばつのキャンプの様子 | 闘いが終わらない背景 |
| 10．難民キャンプの変容とダラツゥの日常の変容 | 家族構成の変容．姉の結婚と出産 |
| 11．兄の旅立ち | アメリカへ旅立つ兄との別れ． |
| 12．ビルマ国内の様子 | ヤンゴンの街並み |
| 13．ダラツゥの決断と旅立ち | アメリカへ旅立つダラツゥ |

第二章：夢の終わり

| 項目 | 内容 |
|---|---|
| 1．第三国定住地（アメリカ）における日常生活 | 食事，ショッピング |
| 2．教会（インディアナポリス） | 教会での祈り，インタビュー |
| 3．第２次移住先（サウスダコタ）での日常 | 教会，きょうだいとの食事など |
| 4．ダラツゥの職場 | 仕事風景 |
| 5．日常 | カレンショップへ買い物～休日の風景，ダラツゥと兄の会話 |

エピローグ：故郷

| 項目 | 内容 |
|---|---|
| 1．国境 | ビルマ・タイ国境の風景 |
| 2．難民キャンプ | 父母の日常風景 |
| 3．クーデター～パアン州 | ビルマ国内の様子，写真インサート |

出典：『OUR LIFE』（2010, 2018, 2024）を基に筆者作成．

が深められている、欧米やアフリカ諸国における難民コミュニティ形成に関する研究との比較分析を進めた。また、それら先行研究では深められてこなかった、ライフコースを通した観察（の有効性と限界）に重きをおくようになった。その後、改めて映像分析と編集作業に入り、本書の執筆を再開した。この間、文章と映像を数人の有識者や映画関係者に観ていただき、コメントをいただいた。

このように、文章（先行研究の分析）と編集作業（上映におけるフィードバックを貰いながらの再編集）の同時作業によって、映像に意味づけを行うことが可能となり、感覚的に観て、繋いでいた映像を、客観的な視点から観れるようになっていく。つまり、難民を捉える視点の変容を生むことへとつながった。

次節では、上映における対話がどのように行われたのか、具体例をみていこう。

## 2　難民の視点——在日ビルマ人コミュニティにおける上映

本節で紹介するのは、会場をビルマ料理店とした上映会の事例や第三国定住地としてすでに難民を受け入れている地方の自治体における上映の事例である。映画を観るのみならず、食をともにするという空間形成や、観客同士における対話の時間をセッティングした事例、そして最後にZOOM機能の一つである投票を生かした参加型のオンラインによる大学におけるトークを用いた上映事例である。

各上映会では、上映のみならず、質疑応答の時間やディスカッションの時間を設けることで、対話による相互関係性を生み出すことを試みた。ビルマ料理店における上映会には、日本に長く暮らしている滞日カレン人難民やビルマ人や難民支援のNGO関係者にも出席してもらい、市民や学生を含めた上映前後のディスカッションを通し、「撮る者」「観る者」「当事者」の対話を可能とする空間を創り出すことを試みた。

上映は、在日ビルマ人が多く暮らす都市および第三国定住難民の受け入れを行っている、東京都新宿区で行った。本節では、上映における難民と支援者、学生、大学教員、研究者などの視点の交差（高田馬場）、および大学機関における「観る者」の視点の交差の考察を行い、難民へのアプローチ手法を考えたい。そして、映像を共有し、映像を通して対話と生み出し、公共空間を形成し、そこからさらなる対話へと繋げる「媒体」としての映像の可能性を考えてみたい。

日本国内には、2023年12月時点で1万5983人の在留ビルマ人が暮らしている。そのうち定住者は2590人、定住者が2413人である(2)。

在留ビルマ人の多くは、1988年の民主化運動に参加し、そのために当時の軍事政権から追われ、日本へ逃れてきた1960~70年代生まれの人びとである。かれらは関東地方に多く居住し（東京が約60％）、その中でもとくに新宿区に多い。新宿は在日コリアンも多く住む、多文化化が進んでいる町であり、ビルマ人コミュニティ成立の背景には、在日コリアン・コミュニティの存在がある［小泉 2014］。

新宿区は2005年に「多文化共生プラザ」を設置し、その中の「外国人総合相談支援センター」では、ビルマ語での生活相談（住居、医療保険、労働許可など）に対応している。その他、NGOなどが難民認定(3)への支援を行っている。

定住難民たちは、異国の地でのさまざまな悩みや問題を抱えている。しかし、行政やNGOの努力だけでは支援が行き届かない場合も多く、そこは出身国の友人同士の繋がりや相互扶助が欠かせない。約30の在日ビルマ民主化団体があるが、相互交流は積極的には行われてはいなかった［小泉 2014］。

そのような中で、民族を超えた交流の場を提供しているのは民間事業者だ。豊島区高田馬場に『RUBY』というビルマ料理店を営むチョーチョーソー氏は、ヤンゴン出身のビルマ民族だ。1988年の民主化運動に参加したことで反政府分子としてビルマ政府の監視対象となってしまい、それを逃れて1991年に日本に渡った。ビルマ人が日本で難民として認定されるまでには相当の時間を要するが、チョーチョーソー氏が難民として認定されたのも、来日から8年後だった。

チョーチョーソー氏が『RUBY』を開店したのは２００２年のことだった。現在、『RUBY』は、難民ビルマ人が故郷の料理を食べることのできるレストランとしてだけでなく、生活上の苦難から逃れようとする難民ビルマ人の〝駆け込み寺〟として機能している。

同氏は、ビルマ青年ボランティア協会（Burma Youth Volunteer Association/BYVA、後のビルマ民主同盟League for Democracy in Burma/LDB）の委員として、母国の民主化活動のためのデモや集会などを開催してきた。また、ビルマ人労働者のための在日ビルマ市民労働組合（Federation of Workers' Union of the Burmese Citizen/FWUBC）を結成し、外国人労働者の相談や問題解決への取り組みも行っている。

２０１８年10月、作品上映・トーク会を『RUBY』で開催した。出席者は約30名（事前申し込み定員制）、内訳は、学生、大学教員・研究者、ジャーナリスト、ＮＧＯ関係者、そして滞日難民である。チョーチョーソー氏と、難民キャンプで支援活動をしている国際ＮＧＯ職員Ｎ氏にトークゲストとして参加を依頼した。

開催事務局は、高田馬場を中心に難民交流活動を行っているW大学学生サークルに担ってもらった。上映会イベントは、開催のプロセスにも大きな意義がある。事務局の学生たちに主体的に難民問題を考えてもらえるように、上映会の企画書作成、チラシ作成と配布、ゲストへの参加依頼、会場セッティング、上映会当日の進行構成、会場での司会など、運営業務のほぼすべてを、学生たちに託した。

上映会では、映画の前半（難民キャンプ）と後半（第三国定住地へ場面）に分け、前半から後半に移る前に、筆者が映画制作の背景や内容解説を、Ｎ氏が難民キャンプの状況や教育活動支援に関する説明を行い、また参加者との質疑応答の時間を設けた。後半の第三国定住に関する映像の上映後には、チョーチョーソー氏と、滞日カレン難民Ａ氏に登壇してもらい、映画に関するコメントと、彼らがなぜ祖国ビルマを離れ、日本に暮らすようになったのか、これまでの経験を語ってもらった。

参加者からは、さまざまな質問があがった。前半後のセッションでは、国際NGOスタッフN氏への難民キャンプでの高校卒業後の進路や教育で使用されている教材に関する質問、また、帰還の現状に関する質問などがあった。後半後のセッションでは、映画の内容に関する質問のほかに、チョーチョーソー氏やカレン難民A氏への質問が続いた。

「なぜ移住先に日本を選んだのか」という質問に、チョーチョーソーは、「他に選択の自由はなかった」と答えた。そして、ダラツゥと同じように、来日当初は、言葉が理解できなかったため、職場でも日常生活でも意思伝達ができず、孤独感とストレスを抱えながら生きてきた自らの経験を語った。

ストレスをやわらげるために、同郷者たちとコミュニティを形成し、故郷の料理を囲んでカラオケを歌ったり詩を作ったりしながら、ビルマ人としてのアイデンティティを保ち続けてきたという。また、「難民との共生のために、日本人として何ができるのか、どのような支援が求められているのか」、という学生からの質問に、B氏は、「滞日難民の精神的なケアとサポート、そして、難民たちの「心がやすらぐ場」がほしい」と答えた。そして、自分の意見をしっかり持ち、価値観の違いをおそれずに、問題の議論を続けることの大切さを語った。

映画の上映と併せてディスカッションの場を設けることで、在日ビルマ人やカレン難民の経験を直接聞くことできる。複数の当事者の意見を聞けば、難民それぞれの視点があることに気づくだろう。

また、上映後には、ビルマ料理を囲んで対話を行い、「食」を通した相互行為による新たな関係形成も試みた。上映会場で、映画を観て語るだけでなく、郷土料理を囲み、食をともにする時空間は、個別に映画を鑑賞する空間とは、異なるものである。ともに食べる営みは、同じ食べ物を共有しながら、会話を双方向にさせる。食事をしながら、器や箸の使い方を知り、食作法や価値観の類似点を認識することもまた、異文化理解の一つでもある［直井 2019a：187–189］。

ビルマ料理を囲んだ上映会には、お店の前にだした看板をみてふらっとお店に立ち寄り、映画は観ずに、上映後のトークや食事会からの参加者もいた。そうした、映画館とはまた違う、いつでも参加が可能な、食を通した開かれたゆるやかなつながりが、映像と食を介した上映会を通して生まれた。難民の暮らす街で上映会を開き、難民と受け入れ国の人びとが出会い、そして食を通した対話の場を設けることは、単なる映像の補完的説明に収まらず、参加者たちが、自らの偏見に気づき、自分自身の日常を別の視点から捉えることにつながるはずである(4)。

## 3　観る者の視点が交差する空間の生成

本章では、上映を通した、観る者の共振のありようを考察した。難民キャンプと定住先コミュニティとのつながり（連続性）を創りだす上で、映像が担うことのできる役割を検証した。

映像は、撮影対象者（難民）の声を、リアルに聴くことができるが、一方向性な媒体でもある。そこで、映像を観た後に、お互いの視点を語りあう、この「対話（雑談）する場」を創る、ということが重要になってくる。

高田馬場での上映は、学生主体で開催された上映会であった。学生自らがチラシやポスターを作り、SNSなどで上映会情報を流し、参加者を募る。会場へ何度も足を運び、上映の打ち合わせやセッティングなどを行う手間暇かかる作業であるが、そうした過程自体が、コミュニケーションが生み出している。このように、映画を観るという行為のみならず、観るための場づくりが必要である。そうした場を作るためのイベントを生み出す行為自体に、映像のもう一つの可能性が秘められている。

さらに、本上映会では、会場をビルマ料理店にセッティングすることで、当日、食事をするために訪れたお店の常連客なども加わり、出入りの自由な空間となった。上映後には、在日ビルマ人や難民たちと共に、ビルマ料理を囲みながら会話（雑談）ができる「場」が形成された。こうした上映会というイベントは、映像を観て語る「場」を提供するのみならず、難民たちの「心がやすらぐ場」の創出に寄与する可能性があることを示唆した。

本章では、映画を観るという行為が、難民への理解を深めるばかりでなく、空間を形成していった事例を紹介した。映画上映を通して、対話（雑談）する場を作りあげることが、観る者と撮る者、そして撮られる者（難民）への共振へを生み出し、観る者の視点を変化させていくことへと繋がる。オンライン配信や劇場、そして自主上映会などによる映像上映の取り組みなど、今後、映画を観るという行為は、複合的なメディアにより行われていくことだろう。閉じられた空間が増加しつつある中、映画を観る空間作りと同時に、上映を通した対話（雑談）を生み出す空間をいかに生み出していけるのかが問われている。

## 付記

本章は、「映像平和学への挑戦――カレン難民の越境と共生を考える」（金敬黙（編著）『越境する平和学――アジアにおける共生と和解』法律文化社、2019年）を加筆・修正したものである。

## 注

（1）難民を撮る視点は、撮影の時期と場所、そして、難民との関係性が親密になることにより変容していった。それは、パンデミックによっても、クーデターなどによる政治状況によっても、変化していった。

さらに、こうした撮影中の視点が変化は編集過程においても変化した。『OUR LIFE』の作品制作は、2008年からはじまった。2008～2017年の10年間の主人公のライスコースを撮影し、映像を組み立てなおしながら再構成していった。2010年に発表した『OUR LIFE　第一章：僕らの難民キャンプの日々』の制作は、2008年から2年間にわたり行った。

本書の冒頭で述べた通り、映画制作のきっかけは、主人公ダラツゥとの出会いであった。撮影開始時はとくにテーマを決めていなかった。撮影を進めていく中で、「闘いはなぜ終わらないのか」に定めていった。筆者が抱いていた「脆弱な難民のイメージ」は、初期の段階で覆されていった。筆者は、ダラツゥの成長と主体的な生きざまを通し、難民キャンプでの日常を、そして難民キャンプに流入する市場経済がもたらす生活の変容を描いていった。ダラツゥ家を定点観察する形で、部屋の配置や食事のシーン（人数や座る位置の相違）などは、数年ごとに同じアングルで撮影している。難民キャンプ内では、撮影場所が限られていたこともあり、部屋の中での撮影が主になっている。

そのような難民の日常を描きながらも、「センチメンタルな難民の物語」ではなく、難民にも一人ひとりの主体性があり、欲望も持っていること、そうした欲望は普遍的なものであること、そして観る者が「私たちの日常」と「難民を生みだす構造」とのつながりを見いだせるよう、日々の生活に焦点をあてて映像を編集した。

しかし、映像が、言語化されないものを表象できるとは限らない。眼に見えない異国に暮らす難民の「痛み」をどのように捉え、描写することができるのか。そして、彼らの日常と私たちの日常をつなげるには、どのような視点で描けばよいのだろうか。

ＨＩＶ陽性者のドキュメンタリーを制作した際には、「情のメタファー」として「水」に関する映像と音を使った。本作でも、難民キャンプに流れる小川や共同利用の水場での水浴びのシーンなどをメタファーとして多用した。そして、難民キャンプのカラカラに乾いた川や、水のシーンがないアメリカでの乾燥した土地を移動し流れるものと、定住し流れずに留まるものとを対比して描いた。

そして、ラストシーンにもってきたのが、水不足によって難民キャンプを流れていた川の水が干上がり、水を得るために、自ら掘った井戸から湧き出るわずかな水で渇きをしのいでいる映像であった。そして、ある子どもがその穴に落ちる、というシーンで、戦闘がおわらない理由を、隠喩的に表現した。難民キャンプという過酷な環境で、子どもたちが干ばつのため水不足に苦しみ、自分で掘った穴に、誤って自らが落ちてしまうという理不尽な環境を作り出してしまった「私たち」への責任を問う意味でラストシーンを決めた。

さらに、タイ側とビルマ側と隔てるものは何なのか、風景を捉えながら、越境というものはどういうことか、問いかけた。撮影地へ向かう船の上から撮った川（国境）のファーストシーンの風景から、川にかかる霧をメタファーとして、実際にあるものか、蜃気楼なのか、見えないぼんやりとしたもので隔たれている国境を表現した。そして、その空気の質感を映像で表現した。この映像を作品のファーストシーンにもってくることで、映画のメッセージを観る者に投げかけた。

難民のリアリティを映像のみで理解することは容易ではないし、安易な理解は固定観念へとつながってしまう。そのため、作品には、難民に関する情報量は、最低限のものにし、字幕もナレーションもほとんど入れていない。映像を観た後に「難民のことをもっと知りたい」という思いが生まれたのなら、その先は観た者が自らの足で、図書館に行って調べるなり、難民と直接会うために現地へ足を運ぶなり、自主的にアプローチすることになる。

しかし、日常生活の映像は、淡々としたものであり、メッセージを伝えるためのナレーションなども入れてはいないため、映画の内容がわかりにくいものとなった。

唯一、インパクトがあるとすれば、ＫＮＵの兵士たちの行進のシーンと幹部たちのスピーチなどであろう。この部分を除くと、ダラツゥの学校のシーン、家での食事のシーンや友人たちの会話、そして学校での様子など淡々とした日常が映し出されていく。そこで、編集に関しては、まず60時間の映像を４時間にまとめたものを、タイ人の編集者にみてもらい、コメントを貰いながら、カットを切ったり足したりしながら、同時に、整音も行いながら、リズムを作りながら、仕上げ作業を行った。さらに、帰国後、日本人の編集者に再度、作品の冒頭部分の流れに焦点をあてながら、編集を行って貰い作品を完成させた。

（２）出入国在留管理庁ＨＰ（https://www.moj.go.jp/isa/policies/statistics/toukei_ichiran_touroku.html）。ＨＰ内にリンクされたサイト、e-Stat 統計でみる日本（https://www.e-stat.go.jp/stat-search/files?page=1&layout=datalist&toukei=00250012&tstat=000001018034&cycle=1&year=20230&month=24101212&tclass1=000001060399&result_back=1&tclass2val=0　２０２４年12月8日最終アクセス）。

（３）１９８２年に導入された難民認定制度の下、２０１９年までに8万１４７９人が難民申請し、そのうち８４１名が条約難民として受け入れられた。また、難民としては認められなかったが、人道上な配慮を理由に在留を認められた難民以外のものが２７０９名いる（参照：https://www.rhq.gr.jp/ukeire/　２０２１年11月5日最終アクセス）。

日本の難民認定件数（２０２０年時点）は、以下のようになっている。

１９９９年申請２６０、認定16（認定率８％）
２０００年申請２１６、認定22（認定率14％）
２０１４年申請５０００、認定11（認定率０・３％）
２０１９年度申請1万３７５、認定44人（認定率０・４％）
２０２０年度申請３９３６、認定47人（認定率０・９％）である。

２０２０年度の認定者の国籍は、イエメン、中国、アフガニスタン、シリア、ギニア人などで、認定者の事由は、政治的意見31人、特定の社会的集団の構成員であること14人、人種7人、宗教2人である。

一方で、難民の国籍は67か国にわたる。トルコ、ミャンマー、ネパール、カンボジア、スリランカの上位5か国からの難民数が、難民総数の約68％を占めている。男女に比率は、男性２９２０（74％）、女性１０１６（26％）である。ミャンマー人の難民６０２名で、全体の15％を占め、その内の62人が2度目以上の複数回である（外務省 出入国在留管理庁ホームページ「令和２年における難民認定者数等について」https://www.moj.go.jp/isa/publications/press/nyuukokukanri03_00004.html https://www.moj.go.jp/isa/publications/press/07_00003.html ２０２２年2月22日最終アクセス）。

また、２０２０年時点における難民申請中のミャンマー人の総計は、２９２８名となっている（https://www.moj.go.jp/isa/policies/statistics/toukei_ichiran_touroku.html ２０２２年2月22日最終アクセス）。

（4） 事例としてT大学における学生の感想の事例を通し、映像を通して学生の難民への視点の変化を提示しておく。

難民を「難民」という言葉での理解ではなく、難民について中身を詳しく理解する必要があると考えた。私は今回の講演会で実際難民キャンプを行っていた方の話を初めて当事者の言葉として聞いて、何がつらいのか、どういう葛藤があるのかについて理解することが出来た。当事者から聞く話が最も印象深い内容だった。今までは第三国定住先である日本やアメリカの対策などが薄いため、難民の受け入れに対して否定的な面が多いと思っていたが、実際は将来働くということに視点を向けたらこの第三国定住先に行くことは案外肯定的に見れるのではないかと感じた。とくに今回の話で思ったことは難民の受け入れに対する対策を見直すことが大切ということである。日本は厳しい審査基準について見直す必要がある。確かに偽装難民の在留を防止するために厳格化しているという理由は分かるが、難民キャンプを無駄にしないためにも日本のような国が多く受け入れていく必要があると思った。今回の講演会では、自分の難民についての知識不足が改めて見えた時間だった。「難民」という言葉を説明することは出来るが、内容や現状について説明できない状態だったため今回で少しでも説明できるようになったと思う。今後私たちがどのように動いていけばいいのかを自分なりに考えていきたい（学生Aさん）。

# 終章　映像から見えてくる難民の「姿」

## 1　「難民を撮る」とはどういうことなのか

映像は、難民をどのように捉えることができるのか。本書では、この問いに答えるために、ドキュメンタリー映画『OUR LIFE』制作実践を事例に、タイ・ビルマ国境の難民キャンプに生きるカレン難民のライフコースの参与観察における「撮る者」の視点を自己再帰的に考察し、難民表象の可能性と限界を考察した。さらに、上映を通した対話がどのような役割を果たしうるのか、その可能性を探った。

日本人である自分自身の生と、外国における難民問題との間に「つながり」を見出すことは難しい。難民として生きるという「経験」を想像し、自らの日常に重ねあわせ、難民との社会的つながりを日常の中に見出すには、どうすればよいのだろう。

本書でとりあげた作品『OUR LIFE』では、〝共振のドキュメンタリー〟という、特定の地域で長期にわたって撮影を実施し、撮影者と撮影対象者と観る者が引き込みあってリズムを生み出しながら響き合うことにより映像を生成する手法を用いた。これまでのテレビ報道ニュースなどで流れる映像により、ステレオタイプ化されてきた従来のイメージから脱却し、難民のライフコースの観察により、難民一人ひとりの日常生活における「生のありよう」を捉えることを試みた。これは、ステレオタイプ化された救済型の難民表象ではなく、主体的に日常を生きる難民像を描くということは、観る者へ感情で訴える手法とは異なる手法である。

一方で、「難民」から「」をとり、一人の人間として描いたとき、私たちと等身大の人間として描くことで、「差異」というものも同時に取り除いてしまうと、難民の姿が現れにくくなってしまいかねない。そして、代わりに、「撮る者」の視点が映し出されていくようになっていく。そこでは、「無意識の権力構造」に対して、自覚的になれるかが問われてくる。

難民でない、難民以外の映像作家が、難民を撮ることの意義はここにある。自覚的になるには、難民を「撮る者」である制作者自身が自身の視点の関与を観察することが欠かせない。観察するためには、「撮られる者」との関係性を形成する必要がある。難民キャンプのソトに生きる者、または、援助する側という立つ特権を持つ者が、「難民を撮る」、という時点で、すでに見えない権力が生じている。これが、難民を撮る際の限界であろう。そのために、「撮る者」自身による、視点関与の自己内省的を取り入れた。

具体的には、本書では、作品は実際、どのように制作され、作品制作と上映を進める中で、筆者が制作した難民のドキュメンタリー映画の場面分析から、映画を通して、制作者の視点がどのように変化したか、自己再帰的に考察した。難民の日常と越境をめぐるライフコースを描くことで、難民のカテゴリー化を相対化することを試みた。

では、難民の日常と越境を映像はどのように捉えたのか、ドキュメンタリー映画制作を伴う考察を通して明らかになったことをまとめ、難民研究における映像表現の可能性を提示したい。

## 2　映像が捉えた難民のライフコースを通した日常と越境をめぐる生きざま

第1章〜第3章では、筆者が制作した、難民の日常と越境に関するドキュメンタリー映画『OUR LIFE』の撮影対象（主人公）である、カレン難民の少年ダラツゥを中心に、彼を取り巻く人びととの関係を述べつつ、映画の制作過程に合わせた長期的・通時的な参与観察により記述・考察した。

かれらが長年暮らしたキャンプを去って故地へ帰還し、あるいは第三国定住地へと渡ったあと、日常生活をどのように維持し、あるいは変容させていくのか。難民にとって、「難民キャンプに生きるとは、どのような経験なのか」「第三国への移動と定住は、難民の生のあり様に、どのような影響をあたえるのか」「故郷とは何か」を核心的問いとし、ドキュメンタリー映画に現れる日常生活や会話場面の分析を通して、難民キャンプと第三国定住地アメリカ、そして故地におけるカレン難民の日常、ライフコース選択、越境的ネットワーク形成の過程を明らかにすることを試みた。

まず、『OUR LIFE　第一章：僕らの難民キャンプ』では、難民キャンプの日常実践に着目することで、教育・メディア・市場経済の越境により、難民キャンプの日常生活が変容する過程を考察した。

ダラツゥのような難民キャンプに生まれ育った子どもたちは、難民キャンプの日々の暮らしの中（家族、教育、伝統行事など）で、「カレン」のアイデンティティを形成していた。日常生活における会話や学校におけるカレン文化などの教育、そして寺院や教会は、信仰の場であると同時に、カレンのネットワーク組織やコミュニティの形成の場でもあった。

このようなネットワークを求め、キャンプ内に設置されたクリスチャン系の大学には、タイ国内から通う学生も現れた。さらに、２０００年代後半になると、メーラ難民キャンプには、衛星放送やインターネットが設置され、市場経済の影響でスマートフォンも普及していくことで、さらにネットワークが拡がっていった。

難民は、さまざまな外部からの情報と触れる中で、自らの立場や状況を理解しながら、アイデンティティを形成し、「自己」と「他者」との間に境界線をつくりはじめた。そうした中、教会での活動に参加しはじめ、改宗する子どもたちも増加した。

教会やＳＮＳなどを通したネットワークの広がりは、一方で、難民キャンプ内での情報格差、そして教育格差や経済格差が生じはじめていき、その生活も思いがけぬ速さで変容していった。

映像による難民の個（ダラツゥ）に焦点をあてた日常をめぐる観察は、無論、「カレン」や「難民」がどういった日常の場面や関係性の中で、立ち現れるのかを捉えることでもある。そして、市場経済の流入により難民キャンプという空間が変容していく過程をとらえた。

『OUR LIFE　第二章：夢の終わり』では、そうした中、第三国定住を選び、アメリカへと渡り、新たな生活をはじめたダラツゥの越境を追った。そこでは、難民キャンプから第三国定住した移動過程でダラツゥが感じた生への「葛藤」や「不安」が映し出された。難民キャンプでは将来が見通せないからこそ、移動先で待っている「幸せな生活」に想いを馳せ、希望を抱くことができた。しかし、定住先の第三国で暮らしはじめ、立ちはだかる現実に希望や夢が廃れていく。安定した生活を送っているように見えても、実際には自国政府にも拒否され、定住地にも同化できずに孤立している者も少なくない。

第三国定住地における生活は、一定の期間、移動の選択を失う。それは、難民キャンプで抱いていた将来への不安や故国への帰還への不安と同様に、難民たちを苦しめるものであろう。そうした不安を振り払い、キャンプにはあった人と人との繋がりを蘇らせようと、難民たちは、ＳＮＳや教会を拠点としたコミュニティを形成し、自助組織をつくっていた。

コミュニティ（community）はコミュニケーション（communication）で成り立っている。教会は、「雑談ができる場」としても重要であった。さらに難民たちは、オンライン上で自らの日常風景を発信し、難民キャンプに残った家族や、国内外のカレンとのつながりを作り出していた。一方で、そうしたＳＮＳや教会を通したネットワークは、第三国と難民キャンプに暮らすカレンのみならず、ＫＮＵの活動にもつながっていた。

本考察において明らかにされたのは、タイ国境の難民キャンプを拠点とした、タイ・ビルマ国境地域におけるネットワーク形成された背景にある、第三国定住地に暮らすカレンネットワークとSNSを通したソーシャルネットワークによるカレンたちのネット上における繋がりであった。

SNSで繋がりあいながら、離れ離れに暮らしはじめたカレン難民たち。故地脱出から30余年＝数世代を経て、独自のコミュニティや文化が形成されてきたタイ国内のキャンプでは、難民たちのもつ「故郷」への認識も多様化してきた。難民たちは、難民キャンプや第三国定住地において、カレン同士、カレン以外の人びと、世代間の関係性を重層化させ、それに応じて人間関係やアイデンティティも次々に変容させつつ日常生活を営んできた。難民キャンプで暮らす人びとにとっては、変容こそがむしろ日常であり、中には〝安定した〟社会を目指すビルマへの帰還を望まない者もいる。

『OUR LIFE　エピローグ：故郷』の撮影開始当初、「難民にとっての帰還とは何か」という問いへの答えを探すべく、カレン難民の故地帰還に伴う日常生活の変容について考察を行う予定であった。しかし、２０２０年に発生したCOVID-19パンデミックと２０２１年のクーデターによりビルマへの入国が困難になり、帰還をめぐる調査・撮影ができない事態に陥った。

一方、帰還事業が進められていた頃から、帰還後の定住予定地の生活環境に対して難民たちが抱く不安は（クーデター以前から）強かった。カレン難民の多くは、内戦中に家族・一族もろともで国境へと逃れてきた。難民キャンプに暮らし始めてから、30年以上月日が経ち、親族や同郷の知り合いたちも、すでに祖国を離れ、難民キャンプや国外で暮らしている。

「帰還」は、難民キャンプで生まれ育った難民にとっての、たどり着く場所（終着点）へとつながる移動ではなかった。日常や越境をめぐり形成された人と人との関係性や空間そのものが、彼／女らにとっての日常的現実であるとともに、帰る場所を持てない難民の居場所となっている。

ダラツゥの「故郷」への想いは、ダラツゥがiPadに収め、母へ届けた映像「友へ」の詩に、込められているだろう。本節の終わりに、歌詞を再掲したい。

僕らを支えてくれてた人は、もう去ってしまったよ
僕たちの夢は終わった。
学校へ通っていた頃は僕たちには夢があったね
友よ　あの頃が懐かしいよ。君に会いたい
夢を叶えるまで一緒に頑張ろう
僕らは戦いのために離れ離れになったよ
友よ　君に会いたい
僕らが学校へ通っていた頃、よく遊んだよね
僕のこと覚えている？
友よ　僕たちが間違いを犯した時――
僕らは先生によく叱られたよね
僕らは先生を責めたけど、僕らを愛していたからなんだね
僕らは今　外国にいて離れ離れ
あの頃僕らはやんちゃだったね
学校はもうすぐ閉鎖される
僕は君にまた会いたい
友よ　僕のことまだ覚えているかい？
僕らはまだ何も知らない

夢は終わったんだ
希望がなくなったよ
友よ　僕はあの頃まだ何も知らなかった
僕らの学校はもうすぐ閉まるんだ
故郷に帰る時がきたんだね
武器を持って…
僕らは離れ離れだけどいつも君を想っているよ
友よ　僕らのことを忘れないでいて……

## 3　共振のドキュメンタリー制作と上映における視点の交差と生成

第1章〜第3章における考察では、難民の個（ダラツゥ）の日常を見ることとは、カレン難民の難民キャンプと移動先のコミュニティのつながり（連続性）を捉えることに他ならず、またそうして捉えられたものは、難民の生のありようを知ることにつながることを示した。そして、映像の内容（本書でいう越境をめぐる難民の生きざま）への理解を深める上での、映像ドキュメンタリーによる考察の有効性を示した。

本書の冒頭（序章）でも述べたように、難民キャンプのコミュニティは、通常の「安定した」社会とは異なり、そこでは、偶発的なできごとも少なくない。また、難民一人ひとりの経験も異なり、それぞれの意味づけによる難民の移動が行われている。そのため、そこから難民の越境の動態を理論化することには限界がある。

そこで、本書でとりあげた作品『OUR LIFE』では、難民の「個」に焦点をあてたライフコースを通した共振のドキュメンタリー制作を行った。

難民のライフコースをめぐる共振のドキュメンタリー制作の目的は、一人の難民の少年とその家族の日常生活と越境の動態を捉えることであった。ドキュメンタリー映像制作の意義は、難民との関係性を形成し共振することで、難民の生きざまを映像で「現す」ことにある。難民問題の背景は複雑である。単純化し、簡単な答えを見つけ出そうとすると、難民の姿や声を消してしまうことにもなりかねない。そこで、『OUR LIFE』シリーズでは、難民への固定観念や世界観（イデオロギー）を批判的に見つめなおしながら、難民の日常を描くことを試みた。

映像は文章では難しい時空間の変容を捉えることが可能であり、撮影対象者の生のリアリティに迫ることを可能とする媒体という特徴をもつ。映像制作による難民の日常と越境をめぐる考察は、難民キャンプや難民の第三国定住地における文化の多様性、生活空間の質感とその変容、難民のアイデンティティ（帰属意識）などの相互関係の考察において効果的であった。一方で、ドキュメンタリー映像作品は、単にフィールドで撮影すれば制作することができるものではない。

筆者は前著で、撮影対象者であるＨＩＶ陽性者の生のありよう（揺れ動く主体性）を描きながら映画が作成されていく様態を考察した。その際、ドキュメンタリー映像の限界として、制作者の視点関与（恣意的な選択）の不可避的に生じる点をあげ、撮影・編集の時点で調査者（撮影者）の恣意が入るため、カメラは現実の一部を切り取っている。そのため、映像は、撮影と編集を通して構成される社会的現実であり、制作者の主観的な視点が不可避に関与し、撮る行為もその現実生起のコンテクストの中にあること、そして撮る側と撮られる側の相互関係によって作られることを、示唆した。つまり、撮影者が、撮影対象者との関係性を形成しながら（そして、観る者との視点が織り交ざり合うことにより、双方に新たな視点が現れることで）、現実を生み出すのが、ドキュメンタリー映像であることを提示した［直井 2019b：197］。(1)

そして、そうしたドキュメンタリーの限界へのアプローチとして、〝共振のドキュメンタリー〟の手法を提示した。そして、撮るものと撮られる者が関係性を形成するなかでどのように共振を生みだし、その共振によってどのような視点の変容がおきたのか、自身の感覚や感情を観察による制作の可能性を示唆した。

しかし、北タイのコミュニティとは違い、難民キャンプでは、外部者の宿泊は禁じられていることがあるため、難民とともに日常を送ることも日中のみに限定され、難民の日常における会話や行動を参与観察するという手法を取ることは難しく、インタビューを中心とする対話を通した撮影になった。また、撮影の際には、「カメラを持った外部者（難民を支援する側の国籍を持つ）」と「援助を受ける難民」という力関係も常に付きまとう。

そうした中で、難民の日常と移動を観察しながら、自らの日常に引き寄せ、リアリティをもって映し出すには、どのようにすればよいだろうか。

そもそも、人間のありのままの姿とは一体どのような姿なのか。カメラの介入により、それは現れることができる「何か」なのだろうか。この問いは、カメラが映し出す現実は一体どのように構成・生成されているのかという問いへとつながるものである。

人間は、カメラの前に限らず、常に日常の中で何事かを演じながら生きている。息子／娘として、弟／妹として、夫／妻として、父／母として、ライフコースの中で、常に時空間を共有する人との関係性の中で、さまざまに役割を変えながら、それらを演じ、生きる［直井 2010］。では、「難民」は、カメラの前で難民を演じているのであろうか？　演じている瞬間があるのなら、日常のどんな時にどのように演じるのであろうか。

彼ら（撮影対象者）は、カメラの前に立つとき、カメラが捉えた映像を観ることになる不特定多数の「観客」を意識し、「難民」としての自己を演じているのかもしれない。一方、制作者が、その作品の語りかける相手（ジャーナリズムになると訴えかける大衆となることもある）をどのように想定するか（どこで、どのような人びとに対して上映されるか）によって、インタビューや語りの内容も変わってくる。

では、カメラ越しの人びと（観客）ではなく、目の前でカメラを向けている撮影者へ語りかけているときにはどうだろうか。その時は、もしかして、「難民」としてではなく、一人の「友人」として演じているのかもしれない。そして、このような撮影者との会話が成立し、共振したときにはじめて「難民」という括弧つきの難民ではなく、括弧（ラベル）をはずした、一人の人間として映し出すことができ、映像にリアリティがうまれる(2)。

このような撮る者と撮られる者（難民）による括弧（ラベル）を外した「共振」は、いかにして可能となるだろうか。

本書は、これまで文化人類学などで行われてきた調査対象者との「協働」作業による制作を踏まえつつ、調査者（制作者）と調査対象者（撮影対象者）の関係性が、ダイナミズムに変化する「共振」という概念を使用した。そして、共振によって変容する視点を自己再帰的に分析をすること通して「生のありよう（情のありよう）」を考察した。つまり、単なる働きかける（作用を及ぼす）／働きかけられる（作用を受ける）という関係ではなく、共振の中で自らのポテンシャルを働かせるような「生のありよう（存在のありよう）」を捉えた。

共振は単なる同化ではなく、それぞれ異なる視点から主体的にアプローチすることにより、お互いの視点の差異を理解し相対化しながら、自らの視点を変容させながら、そこから新たな視点を生み出していく手法でもある。『OUR LIFE』による分析は、このような手法から、「撮る者」と「撮られる者」、そして「観る者」が、共振の中で変容する過程を、制作者自身が自己再帰的に考察することで、難民の生のありようを捉えることを可能にした。

さらに、難民当事者を対象に含む上映を通して、他者（撮影者も他者である）が映した難民のイメージを難民自身がどのように捉えるか、という視点を考察に取り込むことで、分析に厚みを加えた。

その手段として、難民を受け入れている第三国定住地（日本）の自治体や住民、大学生などの難民問題とは無関係な人びとなどが、地域に暮らす難民や在日ビルマ人たちと同空間での映画鑑賞会をセッティングした。そして、上映後に、難民の故郷の「食」をともにしながら味覚の共有をともないながら対話をする中で、どのように両者が共振し、視点を変容させていくのかを分析した。

映画上映による対話は、あくまでスクリーンを通した間接的なコミュニケーションであるが、上映を通して対話する「場（空間）」を創ることにより、当事者の記憶をさらに、よみがえらせる可能性をもつ。観る者は、スクリーンを通して観ていた難民と実際に対話し、コミュニケーションをすることで、新たな難民像のリアリティを構築していった。その結果、上映を通して創りあげられた空間において、「撮る者」と「撮られる者」と「観る者」の共振が可能となり、視点の変容をもたらし、メディア表象において創りあがられてきた難民のイメージを、新たなイメージとして再構築しながら新たなに創りだす可能性があることを本書では示唆した。

以上、本書は、タイ・ビルマ国境の難民キャンプで生まれ育ったダラツゥという一人の少年とその家族の「日常」と「越境」をめぐるドキュメンタリーを制作する過程における視点の変容を重ね合わせながら論じた。撮影者と撮影対象者がその場で響きあい、共振の結果としての作品を生みだす本手法は、「難民の経験」を含め現実に変化をもたらし、撮影対象者（調査対象者）であった難民たちもカメラに応じて動き、時にはカメラそのものを動かすことで現実に関与した。

〝共振のドキュメンタリー〟の現実は、そうした撮影における、撮影者と撮影対象者の関係性の形成過程における共振と、編集過程における制作者の視点の変化、そして、作品上映における観客と撮影者との共振により生みだされたものである。そして、そうした共振のありようを「撮る者」が自身の視点の変化を自己再帰的に考察することで、カレン難民の難民キャンプと移動先のコミュニティのつながり（連続性）と日常と越境をめぐる「難民の生の実態」への理解を深めた。

さらに、本書では、ＱＲコード（二次元バーコード）を付して、映像作品の鑑賞と併せることで、読者が、文章の記述のみでは表現することは困難な、視覚・聴覚的印象により、日常におけるカレン難民の身体的相互行為や空間配置を詳細に考察することを可能とした。本手法は、読者が、主人公たちとタイ・ビルマ国境の難民キャンプで出会い、主人公をめぐる関係性の一員となり「撮られる者」との共振（相互作用）をとおして旧来の価値観を崩されながら関係性を見つめた制作者（＝筆者）の経験を映像と文章の往還を通して追体験することも可能とすることから、カレン難民の越境の動態の複眼的な理解を深めることへとつながることを期待する。

映像を活用した学術研究や大学教育における映像アクティブラーニングにおいても、製作者自身の内省的な考察を取り入れることで、撮影対象者への理解および彼らの暮らす地域への理解の深度を高める可能性があると考える。

## 注

（1） 本手法は、筆者の前著『病縁の映像地域研究』においてＨＩＶ陽性者をめぐるドキュメンタリーの考察に関する執筆の際にも用いた手法であるが、本書においても、同手法を用いる。詳細は前著を参照にして頂きたい。

（2） 文化人類学者の津田浩司は、著書『「華人性」の民族誌――体制転換期インドネシアの地方都市のフィールドから』［2011］で、インドネシア「華人」というものがあることを想定せず、日々の社会的なさまざまな場面から、「華人性」が立ち現われる場面を捉え、そこに、イデオロギーに絡め取られる以前の最奥のリアリティを見出す試みを行った。そして、「支配的な共同性の発想によっては表象されえない何らかのリアリティが確実にあるはずであり、それは人びとが「日々顔つき合わせる」関係性のもとで営む共同性の中にこそ、求められると述べている。また、「具体的で現実的な諸個人」の生活は決して「想像的表象」の関係性のみによって生きられるのではなく、「具体的で現実的な生活条件」の中で「非表象的」に、すなわち「感情的・冗長的・エステティクに」営まれている」［津田 2011：38］と主張する。津田の視点は、映像制作においても通じるものである。難民の日常を撮ることで、リアリティを生み出す意味はここにあろう。

# 対　談――国際ＮＧＯ活動を通して難民の越境を考える

中原　亜紀
直井　里予

本章は、中原亜紀氏（公益社団法人シャンティ国際ボランティア会「シャンティ」ミャンマー事務所 所長）との対談（映像）「難民キャンプの図書館で育まれた平和と文化について」の書き起こしである。現地で長年、難民支援活動に携わる国際ＮＧＯ職員の視点から、難民の越境を考察する。

対談は、２０２１年10月26日に、京都大学東南アジア地域研究研究所にて行われた。

＊シャンティの詳細は本書第3章を参照。

対談内容の映像をシャンティの YouTube のチャンネルから視聴できるので参照されたい。

## 難民キャンプの図書館誕生

talk ①

**直井）** 私が難民キャンプでドキュメンタリー映画を制作し始めたのは、シャンティの活動がきっかけでした。

**中原）** 私は当時シャンティのタイ事務所で勤務をしていたころに、難民キャンプでの活動にかかわることになりました。タイ事務所でも取り組むべきことは多く、さまざまなことを学んでいる途中だったのですが、難民という存在が私の中で全然イメージもつかなかったので意欲がわきました。

**直井）** 難民キャンプで活動をし始めたときの気持ちや印象はどうでしたか？

**中原）** タイのクロントイスラムに初めて入った時、スラムの内外で環境がまったく異なることに驚いたのですが、難民キャンプはさらに衝撃を受けました。ここに人が住んでるのか、というのが第一印象でしたね。その瞬間、ここで活動すべき、やるべき支援がここにある、と強く思ったのは記憶しています。

**直井）** 最初に推測して自分たちで決めた支援を進めるという方法ではなく、実際に子どもたちと触れ合って感じて、

中原亜紀（左）と直井里予（右）

コミュニティを一緒に作っていくという、シャンティの一貫した支援活動に私はとても共感をもっていて。私もドキュメンタリー映画の制作をする上でそうしたプロセスが一番大切だと思っているので、自分の中のステレオタイプを崩して、あまり固定概念を持たずにまずは現場に行って、それから映画の構成を立てるようにしています。構成や内容を決めるプロセスは、難民の主人公の子どもたちとの共同作業だと思っていて、その点でシャンティから色々学びながら、シャンティの活動にも一緒に取り組んでいます。

**中原）** そうですね。難民キャンプに限ったことではありませんが、シャンティとして一緒に作り上げていく過程は大事にしています。そこから人びとが自主的に自分たちの力で、地域や国、そこに暮らす子どもたちのために活動を継続していくことは鉄則になっていると思います。

**直井）**「難民」と捉えてしまうと、どうしても顔が見えない支援になりがちだと思うのですが、シャンティの活動は顔が見えてくるんですよね。子どもたちと、個人と個人として向き合いながら活動してるのをすごく感じます。そこも私が映像で目指してるところで、「難民」というよりも、そこに生きている「人間」の生き様を描きたいんです。シャンティの活動からは人と人との対話が見えてくるように感じて、それはシャンティにしかできないと思います。

## 図書館活動とアイデンティティ

talk ②

**直井）** 図書館の存在、絵本の存在は子どもたちにとってどういったものだと思いますか？

**中原）** シャンティが図書館活動を始める前も、難民キャンプでは小さなコミュニティ図書館が運営されていたのですが、狭いスペースにボロボロの本が並んでいて、図書館で読書をすることは難しくほとんどが貸し出しのみ、子ども向けの本はほとんどありませんでした。雑誌類も古いものだけ。シャンティとしてはそれまでの他の活動地などでの経験から、難民キャンプのような環境にも、子どもたちが集まるような空間と絵本を届ける必要があると実感していたことから、難民キャンプでも図書館活動を始めました。

子どもたちにとっては、本当に当たり前の楽しい時間を難民キャンプの中でも過ごせる場所だと思います。学校ではない空間で、友達と一緒に図書館に通ったり、そこでたくさんの絵本に囲まれて、自分の好きな絵本を読んだりして。

活動地の地域の方や子どもたちからは「図書館にいると心地良い」「学校から帰るとすぐに図書館にいきたい」「図書館が自分の第二の場所みたいな存在」といった声が年々聞かれるようになりました。

**直井）**図書館という空間の中で、絵本を通して世界を旅することで異文化を知る、そして自分の文化を知る、そして自分と他者との差異に気づくわけですよね。異文化と出会うことによって、異文化理解も大切ですが、まずは自分を理解するという、子どもたちのアイデンティティ形成にも大きな影響を与えている活動だと思うんです。

あと、子どもたちに絵本を届けるだけではなくて、子どもたちが絵本を作る「絵本コンテスト」はすごい活動だと思いました。どのような経緯で始まったのですか。

**中原）**「絵本コンテスト」は子どもたちだけではなく、地域の絵が上手な方や文章を書くのが上手な方と協力をして、カレン族の文化や民族性に関する要素が入った絵本を出版することが目標だったんです。

**直井）**なるほど。

**中原）**もちろん外国から来た絵本も素晴らしいものがたくさんあるのですが、カレン族の文化や民族性、価値観などが込められた絵本を子どもたちに提供できるとすれば、それは本当に素晴らしいことだと思ったんです。２０１４年からミャンマーで絵本出版を開始したところ、図書館に来る子どもたちのうち、日本やタイから来た絵本が好きな子どももいれば、現地で出版された絵本を好む子どももかなりの数います。

**直井）**アイデンティティは、人と人との関係性の中で形成されていくものだと私は思っていて、それが図書館という空間の中での出会いから創造されていく。読み聞かせも図書館で取り組んでいると思いますが、絵本を介してコミュニケーションが生まれていますよね。そこが図書館活動と映画が似ている点だと思うんです。私は映像を通して、作り手や主人公と観客がコミュニケーションをしていくような空間作りを目指しているんです。

**中原）**そうですね。図書館は確かにそういった空間だと思います。本のみならず図書館で行ってる活動すべてが、人びとの文化や価値観に繋がっていく。図書館というひとつの空間を通じて、人びとの存在意義や生きてる証、意義といったものが守られ、それこそがアイデンティティを尊重するということだと思います。

## 難民キャンプが抱える問題

talk ③

**直井）** 難民キャンプの課題として、どういったことが挙げられますか？

**中原）** ひとつが長期化です。

帰還の目途も立っていないですし、難民キャンプで生まれ育った子どもがすでに全体の半数近くになっているかもしれません。１９８４年からですから、もう3世代、家庭によっては4世代、難民キャンプで生活をし続けているわけで、そうすると子どもたちは自分の国を知らずに生まれ育ってきているんですよね。タイ政府の方針に沿って、難民キャンプの外には出られないので、難民キャンプの世界しか知らないんです。

難民キャンプでは「あなたは自由があって良いですよね。私たちには自由がない、権利がない、それが難民キャンプの暮らしです」とよく言われました。子どもたちも、小中高、その後はＮＧＯが支援する通称「カレッジ」で勉強を続けることはできますが、カレッジ卒業後に職に就けるわけではありません。未来、夢、希望を持つことができない状況に子どもたちは置かれています。

**直井）** 仕事ができない状況は一番つらいですね。仕事は社会と繋がっていけるもので、社会との繋がりが切れてしまうというのは、難民キャンプの一番大きな問題なのではと思います。

**中原）** 難民キャンプでの生活が長く続けば続くほど、自分は誰なんだろう、という思いが強くなっていくと思うんですよね。そんな時に、あなたは「難民」ではなくて、一人ひとり「個」だと伝えたいんです。自分たちの民族に愛着を持ってもらいたいし、誇りを持って生き続けてほしいと思います。

**直井）** やはりシャンティの活動は根底に、一人ひとりの「個」「人間」に対する尊重がありますよね。だからこそ「共に生き、共に学ぶ」。いろいろな価値観、文化の違いはあるけども、そこを乗り越えて人間として向き合う。お互いに痛みを抱えながら、一緒に生きていく。そうした中で、活動を続けていますよね。

**中原）** 図書館は教育施設の1つであると同時に、図書館に来ることによって、人びとが生きる喜びや生きる力を得る場所でもあると思うんです。

## 帰還への道程

talk ④

**直井）** 私のドキュメンタリー映画も、主人公が14歳のころから12年間ほどずっと追っているんですが、彼も図書館に通っていて本が好きで、それが現在の第三国定住での生活での支えになっていると感じます（※1）。帰還に向けた活動も開始されているんですよね。

※1　2016年から開始された第三国定住制度。一定数の希望者は、国連などの支援をうけてタイでもミャンマーでもない国で暮らせるようになりました。しかし、そこにはさまざまな課題も。直井制作の映画では難民キャンプ生まれの男の子がアメリカへ渡り、複雑な思いを抱えて生きる様子が描かれています。

**中原）**2016年から帰還プログラムが始まりました。現在は1500人ほどが、それぞれ帰還した村で新しい生活を送っています。しかし、帰還後の生活は容易ではなく、2019年から帰還民に対する支援活動をシャンティで始めました。国境の村々でコミュニティリソースセンターを立ち上げています（※2）。

※2　2016年からは世界情勢の変化により第三国定住制度が事実上廃止になり、ミャンマーへの帰還のみ推奨するプログラムが新たに開始されました。
帰還した人びとの暮らしを支援するためシャンティはミャンマーの移住地域に「コミュニティリソースセンター」を立ち上げました。センターは図書館も併設しています。

**中原）**コミュニティリソースセンターで、難民キャンプから帰還した子どもたちや住民の方々と出会うこともあります。コミュニティリソースセンターで働いてくれることになった職員の中にも難民キャンプから戻ってきた人がいて、「私はメラキャンプにいる時にずっとシャンティの図書館に通ってた」と話してくれました。難民キャンプの図書館に通っていた人たちが今、帰還した村で子どもたちのために教育文化支援の活動に関わってくれている、というのを聞いて本当に嬉しかったです。

ただ、帰還した村で生活を築いていくことは簡単ではない状況があることは確かなんですよね。子どもたちの教育文化支援ももちろん大事ですが、同時に彼らが自分たちの暮らしをこれからどのように作り上げていくのか。そこが難しいと思います。積極的に帰還しようという人がなかなか増えないのは、ミャンマーで生活基盤を築ける確証が持てないのが理由として大きいと思います。

**直井）**クーデターも起きて、ますます先が見えない状況ですね。

**中原）**帰還の目途が全く立たなくなりました。

（字幕：2021年のクーデターによってミャンマー情勢は混乱。コミュニティリソースセンターは一時閉鎖。現在は安全な村のコミュニティリソースセンターのみ開館しています。（2022年9月時点））

**直井）**この状況をシャンティとしてはどのように打開して

いこうと考えているんですか？

**中原）**ひとつのＮＧＯでどうにかできることではありませんが、少なくとも難民キャンプがしばらく続くことは間違いないと思うんですよね。そうした時に私たちに何ができるかというと、まずは難民キャンプで図書館の活動を頑張って継続していくことです。子どもたちはもちろん、難民キャンプに暮らす人たちに、図書館を通じて楽しみや希望、喜びが見いだせる空間は絶対に残しておくべきだと思っています。

一方ミャンマーにおいては、再び民主的な国に戻った時に、国や社会の形成に貢献できる人材が必要となってくるので、活動が継続できるうちは小さな規模でも引き続き子どもたちに教育文化支援を続けていくこと。継続することが大事だと思いますね。

**直井）**ミャンマー国内でシャンティが始めた事業は、とても大切だと思っています。たとえば他地域だと、北アイルランドなどでコミュニティセンターを中心に平和構築を進めた事例もありますし、ボトムアップ式で、地元の人たちと一緒に活動を継続することで、平和が構築されていくのではと期待しています。

今のままのシャンティの活動を継続していくことで、時間はかかると思うのですが、必ず結果は出ると私は信じていて。それをずっとドキュメンタリーで追っていきたいと思っています。ここまでずっと活動し続けてきた意義は、信じて待った先に出てくるんじゃないでしょうか。

**中原）**そうですね。この2年間、最も辛く悔しい思いをしているのは地域住民です。これでゼロになってしまうわけではないですし、シャンティでできることは引き続き継続してやっていきたいと思っています。一緒に作り上げてきましたし、これからも仲間として、私たちで支えられる部分は取り組んでいきたいです。

**直井）**ミャンマー国内に7年間、コロナ禍もずっとミャンマーに滞在し続けて、さらにクーデター後もですよね。毎日中原さんを心配していました。

**中原）**もちろん安全確保を第一で、もしそれが難しければ退避するという選択になったと思いますが、状況をしっかり分析しながら、滞在し続けることができました。

現地職員たちも、これから自分の国はどうなっていくのか、シャンティの活動はどうなっていくのか、不安の日々を送っていました。私1人いたところでなにができるわけじゃないですが、近くに寄り添って一緒に前を見ていくということだけでも、少しは励みになるとすれば、そういったところで彼らを見守りたいという気持ちもありました。

**直井）**中原さんが現場に滞在していること自体がすごくメッセージになっていると思っていて。

メディアがクーデターの騒乱を報道する一方で、中原さんがミャンマーにいることで日常が続いていることが伝わってくるんですよね。大変な環境の中でも、日常を続けていかなくちゃいけない大変さを発信しているという点で中原さんの存在は大きいと思います。

## 終わりの見えない支援の先に

talk ⑤

**直井）** 現場で長年活動を続ける原動力はどこからきているのかずっと聞きたいと思っていて。目指している方向も知りたいです。

**中原）** 一貫して変わらないのはNGOで仕事を続ける限りは現場主義ということですね。現地の人たちが自分たちで活動していけるように、あるいは自主的に何か作っていけるように、後方的に支援するのが我々の役割だと考えているので、一緒に作り上げていく肌感覚は持ち続けたいと思います。人びとの声を直に聞いて、できることを一緒に考えていきたいので、どうしても現場に身をおきたいですね。

**直井）** 心が折れそうになった時や、くじけそうになった時は今までありましたか？

**中原）** ありました。でも、現場で子どもたちや地域住民に会ったり、一緒に活動しているカウンターパートの皆さんと会ったり、あとはシャンティの職員が頑張ってる姿を見ると、折れてる場合じゃないと思います。逆に、彼らからもらうエネルギーで継続できていると感じますね。

**直井）** 私もドキュメンタリー映画の制作は終わりがないと思っていて。終わりはどこなのかいつも考えています。でもドキュメンタリー制作をやめようと思ったことは一度もなくて、作品に満足したことも一度もなくて。完璧に満足する時がこの先あるのか？と思いますよね（中略）。

**直井）** 体力が続く限り現場で続けていけたらいいですよね。

**中原）** 平和を作っていくのは本当に現地の人たちであって、彼らが望む本当の平和をどのように一緒に作っていくか。そういったことを日々の活動でも考えていて、平和と言うとすごく大きなことですが、図書館に子どもたちが通いはじめて、住民の方々も通ってきて、そこで少しでも安らぎの気持ちを持てるだけでも、それは平和な空間じゃないですか。日々の生活で少しでもそういった空間があるだけで、それは平和に直結している、関係していると思うんですよね。

難民キャンプの図書館もまさにそうで。平和な安らぎの場や時間を少しでも多くの人たちに提供できれば、やっていく意味があると強く思います。

＊＊＊

**直井）** 制度外の、国に守られていない状態の人たちを誰が守るのかと考えると、NGOの使命はそこにあるのかもしれないですよね。NGOが見放してしまったら誰がどうやって彼らをケアしていくのか。「難民」と一括りに言っても一人ひとり違って、「個」の声を聞いていくことができるのがシャンティの強みじゃないかと私は思います。

**中原）** そうですね。「寄り添う」と言葉では簡単に言えますが、こういう時だからこそ、本当の意味で寄り添っていく必要があると思います。それはつまり、実践をしっかりと肝に銘じて、取り組んでいくことが大事なのではと思いますね。

**中原）** 将来が見えない状況でも、将来を一緒に描けるように。難民キャンプが閉鎖されたら、あるいはミャンマー国内に平和が訪れたら実現したいこと、達成したいことを一緒に考えていく団体であってほしいと思います。（終）

# エピローグ

本書の草稿は、２０２０年の夏、COVID-19パンデミック下に書きはじめた。海外フィールドワークができない状況で、書くこと、そして映像を編集することが唯一、難民キャンプや第三国定住地で暮らす難民とつながる手段だった。

新型コロナ感染が、国境を越え、全世界に瞬く間にひろまっていく一方で、これまでパスポートさえあれば何の不自由もなく越えられた「国境」が閉鎖され、国外移動が制限される中、「国境」というものが、はっきりと可視化されるようになっていった。国境の越境が不可能になったことで、越えられない人びとの立場に自らがたつことになった。「越えない」と「越えられない」の立場の違いは大きい。移動の自由が制限されることで、ボーダーレスで自由に行き来していた隣国が、突如、遠い場所へとなっていった。

こうして移動の自粛が促される中、自分の身の周りの日常やコミュニティ内での行動が増え、自らの足元を見つめざる追えない状況下、国境へ向けていた視線は、これまで気づかず埋もれていた日常の中にある身の周りに存在していた境界へと向かっていった。

そして、ダラッゥのライフコースを、映像を通して分析しながら、映像をまとめ、文章化する中で、「日常を生きる」ということはどういうことなのか、いかに普段の何気ない顔と顔を合わせた〝雑談〟が私たちの日常生活を豊かにしていたのか、気づかされた。

日常における〝雑談〟を生みだす空間を、コロナ後の社会において、私たちはいかに創り出すことができるだろうか。コロナ渦下（以降）、日常空間は閉ざされたものへとなっていく一方で、オンライン上での空間は広がっていくという現象がおきた。確かにＳＮＳやＺＯＯＭは国境を越え、遠くにいる誰かと瞬間でつながることが可能となった。しかし、オンラインによる会話は、対面による人と人との会話による共振とは、全く質が違うものである。

オンライン上で響きあっているのは、自分の声と部屋の空間とＰＣという機械を介した声の振動である。人と人との共振は、同じ空間で響きあうことでしか生まれないものであり、ＰＣ越しに人と向き合うだけでは、感じることができないものがある。ドキュメンタリー映像制作と上映という行為を通して、そうした人と人との共振を生み出せる空間を創り出していきたい、という思いが、コロナ渦で一層高まっていった。

これまで私は、難民のドキュメンタリー制作と並行して、タイを舞台に、そして「人と人との関係性」をテーマに、参与観察によるドキュメンタリー映画制作という手法で、ＨＩＶ（エイズウィルス）とともに生きる人びとの日常を描いてきた。そして、映像制作のみならず、作成した作品を自己再帰的に見つめ、新たな視点を生成することで、ＨＩＶ陽性者たちを「他者」ではなく、「私たち」と別の共同体に押し込めることのない「共同体」のあり方を模索してきた。

撮影者である筆者自身は、長期間ＨＩＶ陽性者と暮らしをともにし、コミュニティの一員となって、その内側から、ＨＩＶをめぐる人びとの関係性と、ＨＩＶ陽性者が向き合う「生と死」の有り様をみつめ、「撮影者」と「撮影対象者」と「観る者」とが「共振」しながら変容していく、その変化の過程を映像で映し出す〝共振のドキュメンタリー〟という手法を用いてきた。それは、撮影者の筆者自身が自らの視点を観察しながら、自らがとらわれている観念を壊すことで、ＨＩＶ陽性者をめぐる新たな視点（世界の捉え方＝価値観）を創りだす試みでもあった［直井 2019b］。

しかし、難民との共振は、ＨＩＶ陽性者のドキュメンタリー制作以上に、私にとって難しい課題となった。病をめぐる「生と死」といったテーマは、人間が生きる上で誰もが避けられない普遍的なものである。自分が病気になった時、大切な人を病で失った時、その病がもたらす「苦しみ」や「痛み」とどのように向き合いながら生きていくのか、「人間にとっての哀しみ」とは何か。そうしたことを考えていくことは、生きている限り避けられようのない「テーマ」であり、「生きていくために」必要なことでもあった。

「死」も「病」も遅かれ早かれ誰にでも必ず訪れる。だから、HIV陽性者の経験も、自分自身の日常と重ね合わせることは多少なりともできる。自らにも必ず訪れる「死」の際に、ふと思い出せる映画を制作したい、という気持ちもあった。私は、自分自身との対話を続けながら制作を続けていた。

しかし、「難民」という状況は、日本に生きる自身の日常生活では（少なくともこれまでは）起こり得なかったことであり、そのような経験を想像するのさえ難しい。難民キャンプでは私は部外者であり、そこで暮らすことができない。私はタイでも長く暮らした経験があるが、同じタイ国内という空間であっても、難民キャンプを囲む柵のこちら側とむこう側とでは、全く違う日常空間が形成されている。難民を撮る、ということは、HIV陽性者を撮る時とは、違った視点が必要であった。

確かに難民たちは、移動の自由を制限された中でも、時にはその援助を戦略的に活用し、教育の機会を得ることで、自らの生を主体的に生きていた。家族をもち、ネットワークを形成し、情報を収集し、自らの未来を切り開こうとする難民たち。しかし、部外者である筆者の周りにはもう一つの「見えない壁」がある。その壁は、たとえ私が難民キャンプ内で暮らす経験ができたとしても、崩すことのできない壁であろう。

私は、「難民を撮ることはどういうことか」という根本的な問いを抱きつつ、そして、撮ることの限界も感じながら、撮影・制作を続けた。難民たちが、第三国定住制度によって難民キャンプのソトへ出ることで、少しずつ、彼らとの距離は縮まっていった。そうして、少しずつ、難民と私が共振しはじめていった。そして、その共振は、編集作業と上映を通しても、継続されていった。上映における「観る者」の視点は、撮る者にも共振するものである。

前著『病縁の映像地域研究』の「あとがき」で、私は、〝共振のドキュメンタリー〟をトランペットなど管楽器によるオーケストラに例え、空間を形成する意義について触れたが、よい響きを生むためには、個々の音をどのように創り出すかも大きく作用する。

たとえば、バイオリンなどの弦楽器の弓や弦は緩みすぎても、張りすぎても、よい音色は生まれない。きつくもなく緩くもない状態で重なりあう、そうした状態で奏で響きあうことで、楽器から音色が出る。映像も同様に、まずは、撮る者と撮られる者とが、お互いが心地よい、つまり、弦のようにきつく縛られずに緩く離れすぎでもない距離感を保ちながら、よい音を響きあわせることが欠かせない。

映画を観るという行為は、あくまでも映画館内に設置されたスクリーン上の映像との間接的接触コミュニケーションである。映像を通して難民の実際の声（呼気）のリズムを伝えることには限界がある。一方で、映像は、映像を通した間接的な人と人とのつながりを生み出すだけでなく、直接的な出会いを生む空間づくりへとつなげていくための有効的手段でもある。

難民キャンプの中で、非日常生活をおくるダラツゥ少年の表情、そして、アメリカに渡ってからの表情の変容は、人を人としてたらしめるものとは一体何なのかを考えさせられる。

人は、社会とのつながりを絶たれ、日常生活空間を奪われ、「人間の尊厳」が奪われていく中で、「生の実感」を得られなくなっていく。日常におけるつながりを回復し、自由に移動ができる空間と雑談を生み出すことのできる空間、そのどちらもが、人間が人間らしく生きていく上で重要である。そうした空間を私たちは、いかに生み出しながら、共振する場を創り、人と人の関係性（つながり）を形成していくことができるだろうか。

本書が、そのような関係性への形成へとつながるための共振を生み出す一つの媒体となり、難民の生き様（実態）の理解に貢献できれば幸いである。

# 謝辞

本書の執筆にあたり、多くの方々にお世話になりました。ダラツゥをはじめ、メーラ難民キャンプに暮らす難民や関係者の方々の協力なしには進めることができませんでした。2021年に難民キャンプで亡くなったダラツゥの母ブレのご冥福を祈りますとともに本書を捧げます。

ダラツゥとの出会いは、公益社団法人シャンティ国際ボランティア会（シャンティ）が建設した図書館でした。ミャンマー（ビルマ）難民事業事務所の職員の皆さまには、2001年に国境地域に初めて取材で訪れてから、これまでの間、取材・撮影時の通訳や映像の翻訳作業など、さまざまな局面でサポートして頂きました。とくに、中原亜紀氏には、1999年にタイで出会って以来、公私ともどもお世話になりました。本書の対談の際、そして本書の原稿にもコメントを頂きました。難民キャンプ取材の際には、三宅隆史氏、渡辺有理子氏、小野豪大氏、山本英里氏、菊池礼乃氏にも大変お世話になりました。また、対談を企画してくださった鈴木晶子氏と撮影担当の江藤孝治氏にも心より感謝の気持ちを捧げます。

タイ滞在中には、赤塚順・カニタご夫妻に、映像を何度もみて頂き、建設的なコメントをいただきました。2011年度からは京都に拠点を移し、京都大学大学院アジア・アフリカ地域研究研究科博士後期課程に編入学し、調査と撮影を進めました。速水洋子先生（京都大学名誉教授／日本学術振興会・監事）には、多大なるご指導を賜わりました。本書の草稿にも何度も目を通していただき有意義なコメントをいただきました。地域変動論ゼミの先生方およびゼミの皆さん、とくに速水ゼミの皆さんにはお世話になりました。

また、本書執筆にあたっては、久保忠行氏（立教大学観光学部教授）と神谷俊郎氏（京都産業大学ＵＲＡ／京都大学東南アジア地域研究研究所・連携研究員）にも、草稿を何度も読んでいただき、建設的なコメントを頂きました。

そして、晃洋書房の徳重伸さんには、２０２３年～２０２４年と記録的な京都の酷暑の中、京都大学東南アジア地域研究研究所に何度も足を運んでくださり、本書の構成など、有意義なコメントをいただきました。

京都大学東南アジア地域研究研究所、早稲田大学ジャーナリズム研究所、および国際ファッション専門職大学の先生方や関係者の皆さまにも、大変お世話になりました。

１９９８年から参加し、ドキュメンタリー制作のご協力、助言・励ましを頂いているアジアプレス・インターナショナル代表／早稲田大学名誉教授の野中章弘氏、大阪事務所代表の石丸次郎氏、そして吉田敏浩氏をはじめとするアジアプレス・インターナショナルの皆さまにも、心より感謝申し上げます。

本書の第4章「上映を通した視点の共振」は野中氏からお誘いを受けた早稲田大学での「アジアの文化と社会」研究会での成果出版共著『越境する平和学――アジアにおける共生と和解』（法律文化社、２０１９年）の原稿「映像平和学への挑戦――カレン難民の越境と共生を考える」が基となっています。共同研究代表の金敬默氏、鄭康烈氏、南雲勇太氏、野中章弘氏、森本麻衣子氏との早稲田大学でのディスカッションの時間はとても有意義なものでした。貴重な機会を頂きありがとうございました。

また、本書執筆にあたり、慶應義塾大学の田中茂範名誉教授にも建設的なコメントを頂きました。ここに感謝の意を捧げます。

カレン語の字幕翻訳作業は、池田一人氏、ネイサン バデノック氏、田崎郁子氏に、そして映画のウェブサイトの作成は、糸賀毅氏と益子原明美氏にご協力頂きました。

本書の調査は、トヨタ財団研究助成プログラム（２０１３～２０１５年度）、真如育英会・真如苑 第3回若手難民研究者奨励賞（２０１５年度）、ＪＳＰＳ科研費（JP15H06294、JP17K02011、JP20K20037）、京都大学東南アジア地域研究研究所共同利用・共同研究拠点「東南アジア研究の国際共同研究拠点」（ＩＰＣＲ）研究費（２０１７年度、２０１９～

２０２０年度）の助成費、国際ファッション専門職大学個人研究費（２０２３年度）で可能となりました。

なお、本書の出版は、ＪＳＰＳ科研費（JP20K20037）の助成により可能となりました。

ここに深謝の意を表して謝辞といたします。

２０２５年１月

直井里予

# 付　録

# 『OUR LIFE』（2024年版）映画シナリオ

監督・撮影・編集　直井里予
日本―タイ／107分／カレン語、英語、タイ語ほか（日本語、英語字幕）／DV／Color／2024

『第一章　僕らの難民キャンプの日々』

## 1　イントロダクション

（モエイ河を下り、コートレーへ渡る船）

字幕：ビルマ国内には、自分たちの土地を持ったカレンの人びとがいる。その土地を名付けてコートレー（花咲く大地）という。

▼ダラツゥ少年の水汲み、水浴び

字幕：ダラツゥ（14歳）

▼カレン民族楽器を弾きながら歌をうたうダラツゥ

歌：他人の国に住むことは恥ずかしいことだよ。
他人の土地に住む事は恥ずかしいことだよ。
他の国の人びとは、自分たちの力で生きているのに。
他の土地の人びとは、自分たちの価値感で生きているのに
…。

字幕：『OUR LIFE――第一章 僕らのビルマ難民キャンプの日々』

（難民キャンプまでの道）

字幕：メーラ（ベクロ）難民キャンプ タイ・ビルマ国境。

字幕：タイ・ビルマ国境には1984年以来、9カ所の難民キャンプが設置。内戦を逃れた約15万人ものビルマ少数民族の難民（約80％がカレン人）が暮らしている（2010年時点）。

字幕：メーラ（ベクロ）難民キャンプには、約4万人のビルマ難民が生活している。

ダラツゥのインタビュー：僕のお兄ちゃんはKNLA（カレン民族解放軍）の兵士なんだ。
お兄ちゃんは、ビルマ国軍兵士に撃たれて怪我をした。だから、僕はビルマ国軍を憎んでるんだ。お兄ちゃんは、カレン民族同盟（KNU）のリーダーになって、カレンのために生きて行くことを決めたんだ。
お兄ちゃんは今、コートレーにいるよ。僕らは、ビルマにいられなくなって、難民キャンプにきたんだ。前のキャンプにいた時、DKBA（民主カレン仏教徒軍。ビルマ国軍と協力関係を持つ）に大砲を撃たれたよ。だから、僕たちはこのキャンプに逃げてきた。

（カレン60周年記念式典映像インサート）

（KNU兵士の行進のインサート）

字幕：世界で一番古いビルマの内戦。KNU（カレン民族同盟）の軍事組織KNLA（カレン民族解放軍）は、1949年から反政府抵抗運動を続けている。1994年にKNUからわれ出た仏教徒の一国がDKBAとなってビルマ国軍と手を結んだ
ビルマ国軍に伝えたいことがあるよ。もう、戦争はたくさんだ。

お互い、戦いはもうやめようよ。一緒に仲良く暮らしていきたいんだ。

僕が兵士になったら、ビルマ軍を一つにするよ。そして、平和と愛のある国をつくるんだ。

兵士になったら、ビルマ人と仲良くするよ。でもビルマ人は、僕らのことが嫌いなんだ。

カレン人たちも、一つにまとまらなくちゃ

## ▼難民キャンプ内の高校で、カレンの歴史についてのドキュメンタリーを見る高校生たち

先生：我々カレンはイギリス軍から見放されてしまいました。
先生：日本軍が侵攻しています。
ナレーション：シッタンは、ラングーン（現ヤンゴン）侵攻の際に、大きな障害でした。
3月8日、ラングーン首都は、陥落しました。
ナレーション：1942年3月、イギリス軍はビルマからインドへ、撤退した。
先生：日本軍が首都ラングーンを占領しました。
ナレーション：しかし、山と川に道が囲まれた困難な地形のため、イギリス軍は日本軍に攻撃をできませんでした。日本軍はタングーを支配し、イギリス軍の攻撃に備えました。イギリス軍は、タングーに侵攻するために、カレン州を渡りました。カレンは、日本軍とイギリス軍の闘いに、巻込まれて行ったのです。

（下校するダラツゥ～家）

## ▼兄と友人たちと朝食をとるダラツゥ

ダラツゥ：トレ、一緒に食べよう。
友人：射撃ゲームでタバコを捕って、30バーツ儲けたよ。僕だって、撃てるさ。
ダラツゥ：無理だよ。難しいんだよ。
友人：そんなことないよ。出来るさ。
ダラツゥ：ここから、あそこまでの距離があるし、タバコは、こんな小さいんだよ。
友人：俺、トカゲを撃ったことあるんだぜ。もっと遠い所からだよ。
兄：兵士は、上手だぜ。
ダラツゥ：そんなことないよ。へたくそな兵士もいるよ。
兄：兵士たちは、外さないぜ。
ダラツゥ：そんなことないよ。たまに外しているぜ。

▼外出の準備をするダラツゥと兄

字幕：兄 レーダ（18歳）

ダラツゥ：俳優が化粧をするよ。またクシを無くしちゃった。顔の化粧からはじめよう。これでバッチリ。俳優は、もっとかっこ良くしなくちゃダメかな。

ダラツゥ：待ってよ！ 靴借りて行くね。

（カレン仏教祭・ハンドタイデーへ向かうダラツゥと兄）

▼お寺での会話

子ども：お前の靴のサイズ、いくつだよ？

字幕：カレン仏教祭

字幕：8月の満月の日、仏教徒のカレンたちは、結合と平和のために集まり、お互いの幸せを祈りながら、腕に聖糸を巻き合う。

ダラツゥ：僕のために、祈ってくれる？

少女：嫌よ。

通訳：お母さんが退院して家に帰っているみたい。

直井：本当？

ダラツゥ：靴なくしたよ。かっこ悪いから、撮らないでよ。

▼家へ帰り、結核で入院して退院したばかりの母と久々の再会するきょうだい

字幕：結核にかかり病院に入院中だった母が、この日2カ月ぶりに退院した。

字幕：母 ブレ（49歳）

兄：この糸、短くしてくれる？

母：糸を切ってはダメなのよ。

母：ちゃんと勉強しなくちゃダメじゃない！ 試験がもうすぐあるんでしょ。ちゃんと勉強しなさいよ！

兄：試験なんてどうでもいいよ。

母：試験に落ちて、恥ずかしくないの！ もう、大人なのに。怠けないで、勉強しなさい。あなたたちは、畑仕事もしないで、勉強するだけなのに、そんな簡単なこと、なぜ出来ないの？ ビルマでは、皆休む暇もなく働てるのよ。太陽に照らされて、毎日必死に働てるのよ。怠けないで、しっかり勉強しなさい。

母：ローのお母さん、いつ帰ってきたの？

兄：ローのお父さんも一緒だったよ。

母：どこで会ったの？

兄：道路の向こうで。大きなバック抱えてたよ。

母：町へ出稼ぎにでも、行ってたのかしら。私たちだって、お金なんてないわ…。

▼米の配給

配給所で働く人：配給チケットの名前を確認して。
字幕：兄 ガイ（27歳）
G：これ、お父さんの米袋？
字幕：父 ブラ（53歳）
父：45キロください。2袋ください。25キロと20キロ。

### ▼家族で夕食

字幕：姉 ノレ（20歳）
姉：米汁は好き？
母：見てよ。お父さんは、ご飯時になると、帰ってくるんだから。
ダラツゥ：この野菜、まずい。
母：そんなことないでしょ！
母：いつも、急いで食べているわ。ビルマでは、本当に忙しかったの。
牛の世話も大変だったわ。放っておくと、他人の家の稲を食べてしまうからね。
銃声が聞こえる度に、逃げ回っていたわ。だから、急いで食べることが、習慣になってしまったの。難民キャンプに居ても、その癖がとれないの…。料理の仕度の最中に、逃げ出すこと事もあったわ。全て捨てて逃げたわ。
母：いつまで食べてるの？
姉：ほっといてよ。
母：ビルマでは、ゆっくり食べてたら、生きていけないよ。
姉：カメラに撮られてるからよ。
母：あら、そう。勝手にしなさい。

### ▼ダラツゥ、友人と木に登って果物を穫る

友人：降りて、降りて。
友人：穫れたよ！
ダラツゥ：種ばっかりだな
友人：あ〜酸っぱい！

### ▼友達との会話

アウン・セ：この間、銃弾を拾ったんだよ。手のひらサイズのやつ。
友人：手榴弾だったよ。
アウン・セ：手榴弾だったよね。
アウン・セ：2つあったよ。一つは使ってないの。重かった。
ダラツゥ：嘘だろ？
アウン・セ：本当だよ。本物の弾だよ。
ダラツゥ：栓抜かなかったの？
面白いのに……。
アウン・セ：抜けばよかった。爆発したら、きれいだよね。
ダラツゥ：爆発させちゃダメだよ。一つは、誰かが持っていった。使ってない方の弾。
友達：弾の穴の中に手を入れたら、蟹がいたよ。

ダラツゥ：弾、まだそこにあるかな？
アウン・セ：もう誰かが持っていったよ。
ダラツゥ：4、5キロぐらい？
アウン・セ：もっと重いよ。持ち上げられなかったんだから。
ダラツゥ：そんな重いはずないよ。

字幕：アウン・セ（14歳）

### ▼ギター&歌を歌うダラツゥと友だち

字幕：「僕らの人生」

歌：どうして、僕らの人生は苦しいことばかりなの？
貧しいし、問題だらけ。辛いことばかりだよ。
でも、楽しいこともたまにあるんだ。
だから、どんなに人生が辛くても、
僕らは生きていくんだ。
世の中には、色んな人がいる。
僕のことを愛してくれる人がいる。
でも僕のことを憎む人もいる。
この世は、憎しみから逃れることはできないよ。

女性：大人になっても、毎晩おねしょして。
恥ずかしくないの？
少年：へっちゃらさ。
女性：ほんとに恥ずかしい子だわ。

---

### ▼小学校の授業の様子

（教科書を読むダラツゥ）

ダラツゥ：カレン国旗は、ビルマが独立する前から、カレンのシンボルの旗として使われていました。しかし、ビルマ国軍は、カレンの国旗を立てることをさまざまなやり方で妨げてきました。しかし、カレン国旗は今まで、我々のカレン国や国境など、カレンの人びとが住む所に、栄光を持って立てられてきたのです。
カレンの国旗は、カレン国の象徴です。カレンの国旗の影のもとに、カレンの国旗を掲げ、平和的に生きていこう。
カレン国旗は風に舞い、カレンの人びとの威厳に明かりを灯し、栄光に満ちさせるのです。
先生：国旗はどこに立てますか？
生徒：国旗は政府の建物の前に立てます。役所や病院、学校などです。
先生：カレンの国旗は何色ありますか？　色には、どんな意味がありますか？

字幕：エイ（15歳）ビルマ人

先生：兵士になりたい人は誰？
アウン・セ：僕たちがいつもいじめられて、嫌な思いをしていることを、ちゃんと伝えようぜ！　僕たちは、ビルマの子どもたちにバカにされて、いつも喧嘩してるよ。
エイ：僕たちビルマ人も、ビルマ国軍にいつもイジメられてるんだ。僕らも苦しんでいるんだ。ビルマ国軍は、僕らに力を与えたくないんだ。平等な権利を与えてくれない。
アウン・セ：カレン人とビルマ人は仲良くできないよ。ビルマ人と友達になろうとしても、彼らは、いつも僕らをだますんだ。釣り針のようさ。こいつだって、大人になったら分かんないさ。ビルマ人はいつだって、僕らをイジメるんだから。
アウン・セ：もうウンザリだよ。
エイ：うん、ビルマ人はカレンの子どもをイジメる。でも、僕は違うよ。
アウン・セ：カレン人は心が広いよ。でもビルマ人は、心がひねくれてるんだ。
アウン・セ：仲良くしたいと思ってるのに、ビルマ人は、心をひらかないんだ。
ビルマに住んだら、ビルマ人にいつもイジメられちゃうよ。ビルマ国軍は、僕らを支配したいんだ。
エイ：僕もビルマ国軍のやり方は、汚いと思う。仲良くすることは無理だと思う。

▼国内避難民IDPの映像

字幕：ビルマ東部には多くの国内避難民がいる
　彼らは軍政によって故郷を追われ、国境を越えられない人びとである。
字幕：コートレー（KNU解放区）のカレン新年祭

敬礼！　直れ！
我々カレンは、200年以上の間平和に暮らしていました。
でも、西欧の植民地主義者たちがやってきて、我々の土地を侵略しました。

▼カレン革命抗争60周年セレモニー

（川を渡る船の音）
（入り口看板）
字幕：コートレー（花咲く大地）カレン民族解放軍（KNLA）第7旅団司令部

（ゾーヤ・パンのスピーチ）
字幕：ゾーヤ・パン（現イギリス在住）
2008年2月14日に暗殺されたカレン民族同盟（KNU）書記長マンシャの娘、カレン民族女性活動家
ゾーヤ・パン：皆さん！　今年のカレン革命抗争記念式典でお話する機会を頂き、大変光栄に思います。長い間、ビルマ国軍は、カレンを一掃してきました。しかし今日、記念日を祝うために、世界中から大勢の方々が集まりました。我々カレンの民主化、人権、自由のための闘争を援助してくれる方々です。私もこの闘争を支えながら戦っている一人です。私たちは、軍政の権力と戦い続けることを、皆さんとカレンのリーダーたちに誓います。

昨年、私の父、カレン民族同盟の書記長であるマンシャが暗殺されました。なぜなら、父は民主主義を信じ、自由と人権を求め続けたからです。しかし父の意志は、私たち子どもたちと、カレンのリーダーたちへ、そしてカレンの皆さんに引き継がれています。我々は、カレンが自由を得るまで、戦い続けなければなりません。ビルマに暮らす全ての人びとが自由を得るまで戦うのです。父と母の名のもとに、私たちは、「パン基金」を設立しました。姉から説明があります。ありがとうございました！

（看板の前に立つ兵士）

（兵士の行進、椅子に座っている老人のKNUリーダー）

映像、キャンプ内へ戻る。

▼カレン新年際

字幕：2009年、カレン新年祭

カレンのリーダー：カレン新年、2748年（2009年）の元旦です。

カレン新年祭のために、カレン民族同盟（KNU）からメッセージが届いています。

カレンに栄光を！栄光を！

カレンに栄光を！栄光を！

カレン新年、おめでとう！おめでとう！おめでとう！おめでとう！

（映画館）

（サッカーをする兄）

▼家で、アメリカにいる息子たちの写真をみる母

母：ジョン・マーカーの写真よ。

字幕：ダラツゥには6人のきょうだいがいる。兄2人は、2007年アメリカへ移住した。2006年〜2009年、第三国定住政策のもと、55000人のビルマ難民が11カ国へ移住した。

母：孫の写真はどこかしら？

通訳：カレン語は今もしゃべってますか？

母：最近は英語だけ話してるわ。ここを出発する前は、一言もしゃべれなかったのにね。

母：キスしてあげたいわ。ほんとにかわいい孫たち。

▼母とダラツゥの会話

母：この髪、一体どうしたの？

ダラツゥ：まだ洗ってないんだよ。

母：短く切った方がいいわよ

母：これじゃ、山に住むカレンみたいじゃないの。

ダラツゥ：伸ばした方が、かっこいいんだよ。両側の髪を伸ばして、上に伸ばすんだ。かっこいいでしょ。手、まだ洗ってないよ。

母：汚くしていたらダメよ。ちゃんと見せなさい。

ダラツゥ：見ないでよ。

母：ちゃんと洗いなさいよ。汚いわね。
母：この子は、子どもの頃から、手足が弱くてね。まともに、歩くことさえ出来なかったのよ。すぐに転んでしまってね。
ダラツゥ：嘘つかないでよ。
母：嘘じゃないわよ。ヌットと比べてごらんなさいよ。年下なのに。
ダラツゥ：ヌットは成長が早いんだよ。僕は、ゆっくりなの。
演出：ダラツゥに、今も兵士になりたいと思っているか聞いてくれる？
通訳：ねえ、ダラツゥ、今も兵士になりたいと思ってる？
母：ならないって、答えなさい！
母：ちゃんと質問に答えなさい。
ダラツゥ：兵士にならないよ。カレン兵士になりたくないだけだよ。お菓子が食べれないからね。僕は、アメリカ兵士になることにしたんだ。
通訳：カレン兵士はやめて、アメリカ兵士になるって。KNU（カレン民族同盟）の兵士は、何も持ってないから…。

**▼夜の祈り、食事、警備員たちの歌**

歌：もう僕には、希望がなくなってしまったよ。でも、今でも僕は君を探しているんだよ。

## 2　ダラツゥの思春期

（キャンプ全景）
（竹を運ぶ人たち）

**▼米配給**

ダラツゥ：重くて無理だよ。言ったでしょ！
ダラツゥ：楽チン楽チン！

**▼家でのダラツゥ&母と姉との会話**

母：鼻血出したんだって？
ダラツゥ：暑いから。
母：陽にあたらないでと、何度も言ってるでしょ。
母：頭に付けてるのは何？
母：あ〜、触らないでよ。つけ髪なんだから。
母：壊れているの？
ダラツゥ：壊れてなんかないよ。
ダラツゥ：外には音が出ないんだよ。
母：携帯電話からは音が出るのに何で？
母：ちょっと聞かせてみて
ダラツゥ：ラブソングを聞かせてあげる。
母：これはタイ語？
母：カレンの歌を聞かせてよ。
ダラツゥ：わかったよ。

ダラツゥ：カレンの歌なんて、僕はもう飽きたよ。
通訳：この写真の女の子、カノジョ？
ダラツゥ：違うよ。こっちの写真みて。
通訳：カノジョができたんだね。
ダラツゥ：こっちの子は、僕のクラスメート。
通訳：カノジョはどっち？
ダラツゥ：黄色のシャツの子だよ。
姉：愛し合ってるなんて、言うのよ。
ダラツゥ：彼女はもうここには戻ってこないよ。
通訳：花、渡せないわね。
ダラツゥ：気にしてないよ。どうぜ会ったことなんてないんだから。

（女の子の話し）

（姉との口喧嘩）
ダラツゥ：痛いじゃないか！　髪に触るなよ！
ダラツゥ：殴るぞ！　お前の髪を見せればいいじゃないか。
姉：ほら、着けてあげるわよ。
ダラツゥ：ほっとけよ。
姉：ほら。ほらってば。
姉：返すから、自分で着けなさいよ。
母：見せてごらん。

---

ダラツゥ：あ～あ、MP5プレーヤー欲しいなあ。
通訳：お金あるの？
ダラツゥ：あるさ！
ダラツゥ：たったの2000バーツだぜ。ビデオ付きで。
姉：バカじゃない？　2000バーツで買える訳ないじゃない。
ダラツゥ：バカはお前だよ！
姉：それ、MP5じゃないわよ。
ダラツゥ：本当さ。ビデオ付きで2000バーツの見つけたんだよ。
姉：あんたの見つけたのは、中古品よ。
ダラツゥ：いいかげん言うなよ！
姉：2000バーツで買える訳無いわよ。
ダラツゥ：キャンプの市場で売ってるんだよ。
ダラツゥ：安いのでいいからさ。音楽とビデオ付がいいんだ。
ダラツゥ：お金使ってもいいでしょ？
母：そんなお金がどこにあるのよ。
ダラツゥ：あるよ。
ダラツゥ：お母さんから、お金貰ったもん。
姉：あんたの貯金、300バーツも無いじゃない。
ダラツゥ：もっとあるさ。
姉：無いわよ。
ダラツゥ：顔ぶん殴るぞ！
ダラツゥ：もうお母さんに20バーツ返したよ。

母：お菓子を買っちゃったじゃないの。
姉：そうよ。貯金箱には、100バーツもないわ。
母：お菓子ばっかり買って…。
ダラツゥ：顔殴ぐられたいのか？　嘘つくなよ。
姉：この子、貯金箱のお金使ってお菓子買ったって、分けてくれたことないのよ。

### ▼ダラツゥ、自転車に乗って友人と川遊びへ出かける

（ダラツゥの母の声をインサート）
ダラツゥの母：河で水浴びしてはダメって、子どもたちにいつも言ってるのに。
河を渡っては絶対ダメって。地雷が埋まっているかもしれないから。
でもあの子は、「行かないから、心配しないで」って。
私たちは、いつも心配させられてるわ。
ダラツゥの母：子どもたちが、どうやって生きていくか、とっても心配なの。
私たちには、何もしてあげることができないから。
他の国にも行きたくないって言うし。
ダラツゥの母：子どもたちが、喧嘩をして、怪我をしないか心配なの。
薬物にも手を出さないかとハラハラしてるわ。
夜9時までには、帰ってくるように言っているけれども。
私たちが死んだ後、子どもたちはどうやって生きていけばいいの？
生きている間しか、面倒見て上げられないのに。

## 3　今を生きる子どもたち

### ▼ダラツゥ、中学校で英語の授業

先生：マリは貧しい人が好きですか？
先生：マリは誰に絵を描くのが好きですか？
生徒：マリは貧しい人に絵を書くのが好きです。
マリは、貧しい人が好きです。
マリは、貧しい村人たちに絵を描くのが好きです。
マリは欲張りな人が嫌いです。
マリは棒や石で絵を書くのが嫌いです。
マリは刑務所が嫌いです。

### ▼ダラツゥと友人アウンセの会話

字幕：別々の学校に通い、久々に親友に会うダラツゥ
ダラツゥ：学校が休みだから、遊びにいこうよ。
アウンセ：ゴメン、僕、勉強しなくちゃ。
ダラツゥ：月曜に試験があるの？
ダラツゥ：僕たちより早く試験が終わるね。
アウンセ：わからない。
ダラツゥ：いつから休みに入るの？

アウン・セ：12月25日から。2週間休みだよ。
アウン・セ：15分したら、勉強に戻らなきゃ。
アウン・セ：学校でサッカーしないの？
ダラツゥ：僕はサッカーしないんだ。
いつも、友達の家に遊びに行ってる。
先生は、僕のことを目立ちたがり屋っていうんだ。
アウン・セ：僕、今度学校でギター弾くんだよ。
明日も、歌の練習があるよ。
ダラツゥ：学校で歌の練習もするの？
アウン・セ：僕はギターを弾くだけ。
ダラツゥ：ステージの上で歌えていいなあ〜。
アウン・セ：恥ずかしいよ。
ダラツゥ：帽子を貸してあげるよ。
アウン・セ：ステージには上がりたくないよ。
ダラツゥ：「僕らの責任」、って歌だったら、教えてね。僕らと競争だ。
アウン・セ：えっ あの歌？
ダラツゥ：僕たち、歌の大会があるんだよ。小5〜高1まで。
アウン・セ：僕らの学校と随分違うね。
アウン・セ：僕らは、12月にスポーツ大会があるよ。
ダラツゥ：どんな？
アウン・セ：優勝した人は、賞品が貰えるんだ。
グループに別れて競争するよ。
ダラツゥ：僕らの学校には、そんなお金ないよ…。

---

ダラツゥ：ステージで歌を歌うだけ。
アウン・セ：賞品貰えるの？
ダラツゥ：何も貰えないよ。
ダラツゥ：僕たちの学校は、何も無いよ。
ダラツゥ：一人で歌ってもつまらないよ。僕も皆と一緒に歌いたい…。

Ｐ：いくよ！
ダラツゥ：もう行くね。
アウン・セ：ありがとね。

**▼家へ勉強に励むアウンセ**

アウンセ：弟を泣かせちゃダメだよ。

**▼お葬式で、ビルマ人のクラスメート、エイと会う。**

（お寺で修行中のエイ）
字幕：幼い頃から両親の元を離れ、祖母の元で育てられたエイ。12歳の時、ビルマ国軍に入るよう国軍から強制され、２００５年、キャンプへ逃げて来た。
字幕：小学校を卒業後、ミッション系の中学校に入学したが、家計の事情で学校を中退し、出家した。難民登録は、されていない。
（壁に張ってあるＵＮＨＣＲの宣伝チラシ）
字幕：ＵＮＨＣＲ（国連難民高等弁務官）は、難民登録

されている難民者を対象に、日本第三国定住登録を開始します。移住希望者は、18歳以上の家族と一緒に、説明会に来て下さい。

（ダラツゥの家）

（行き場のない兄と、高校を卒業し、何もすることがなく家にいる姉）

（きょうだいたちの写真）

字幕：ダラツゥには5人の兄がいる。カレン民族解放軍の兵士の長男は、兵士を辞め、今別のキャンプに家族と住んでいる。アメリカ移住を申請している。

字幕：3男ガイは、仕事をするため、第三国定住を希望しているが、難民登録番号を持っていないため、第三国定住には申請ができない。

**▼ダラウーの家、ダラウーが食事をしに学校から家に戻ってくる。友人と食事**

ダラツゥ：飯食おうぜ！　用意できてるぜ。

お前はスプーンで飯、食うんだっけ？

**▼教会へ行く前に身支度をするダラツゥ、教会へ向かう**

（祈り）

牧師：我が父よ。

来る日も来る日も、私たちのことを面倒みてくださり感謝します。

私たちは、外国から来たきょうだいたちと会えて、嬉しく思います。

彼らもとても嬉しそうです。

私たちは、あなたと手をとり、成長しながら、生きていきます。

我々の健康と私たちの国が発展するよう、助けてください。

我々の先生たちも、将来の国作りのために、助けてください。

（教会から歌が聞こえてくる。月に照らされたキャンプの夜景のシーン。）

字幕：2010年、暑期、難民キャンプは猛暑と深刻な干ばつに見舞われた。

**▼友人と水浴びに行くダラツゥ**

友人：俺の背中、洗ってくれる？

ダラツゥ：穴にかぶせなきゃ。もうこれくらいでいいや。なんで俺がやるはめに…。

ダラツゥ：よし！　これくらいでいいや。くそっ！　何で俺が…

（終）

# 『OUR LIFE 第二章　夢の終わり』

## 1　兄の旅立ち

字幕：2011年
（キャンプの川で遊ぶ子どもたち）
（ダラツゥ水汲みシーン～豚）

▼家での家族の会話

ダラツゥの兄：出てきていいよ。
字幕：姉ノレは2010年に結婚、翌年長男タジャイを出産した。
兄 レーダ（18歳）

母：アメリカに着いたらすぐに、服を取り出しなさいよ。忘れないでよ。
字幕：五男レーダが第三国定住地のアメリカへ旅立つことになった

レーダ：白いシャッツはどこ?袋の中に入れた?
母：入れたわよ。

▼料理をする母

母：ポテト料理を作ってるわ。食べたことないでしょ?
ミュータイっていう料理よ。

▼家族で食事

母：お兄ちゃんがいなくなるんだから、しっかりしなさいよ！
言うこと聞かなかったら、お母さんも荷物をまとめて家を出るよ。
お母さんだってどこにでも行けるんだから。ちゃんと学校へ行きなさいよ。
お兄ちゃんがきっと助けてくれるから。でも今は仕事がないようだよ。
まずは仕事を探さないとね。

▼兄が旅立つシーン、お寺

## 2　ダラツゥの決断

（ダラツゥ豚に水～台所姉と夫～母と孫へ繋げる）
字幕：姉ノレは2010年に結婚
翌年長男タジャイを出産した
字幕：ノレの夫 ドゥー

▼母と孫の水浴びシーン

ダラツゥ：服をこんな所に干しちゃダメだよ。豚が服をたべちゃうよ。
母：何だって？
ダラツゥ：豚が服を食べちゃうよ。
母：後ろに干してよ。そこじゃないよ。
ダラツゥ：こっち？
母：豚小屋の隣よ　後ろの方よ。

▼ダラツゥ&甥とギター〜ダラツゥと母との会話

ダラツゥ：タイのＩＤカードが欲しいよ。
通訳：何のＩＤ？
ダラツゥ：タイのＩＤ（身分証明書）
通訳：どこに行くの？
ダラツゥ：メポに行きたいんだ。
通訳：許可書を持ってるの？
ダラツゥ：持ってるはずないじゃない。
母：警察に捕まってしまうよ。
ダラツゥ：大丈夫だよ。僕はタイ語が話せるし「マイミープラー」。
母：なんだいそのデタラメなタイ語は！
　状況がよくなってくれればよいけど…。
　長い間　外国から援助を受けてきたけれど——今はその援助も減ってきているし…。
ダラツゥ：タイのＩＤを買ってよ。
母：そんなお金どこにあるのよ。
ダラツゥ：ＩＤカードがあったらいいのに…。

字幕：２０１１年ビルマ政府は民政移管を実施
　ビルマ政治経済は、転換期を迎えていた
字幕：２０１３年11月　ヤンゴン
字幕：２０１２年　アメリカはビルマへの
　経済制裁措置の緩和を打ち出した
　政府と少数派民族との間で、和平交渉も行われはじめた
字幕：国民民主連盟（ＮＬＤ）集会場
　国民民主連盟　副議長（当時）
　ティンウ

▼ティンウのスピーチ

ティンウ：全ての政治囚を解放せよ！
　全ての政治囚は解放されるべきです！
　分かりきっていることなのに、なぜ…
　すべての政治活動は自由であるべきです！
字幕：ビルマの民主化にともない　ビルマ政府とタイ政府は　難民の帰還への協議を開始
　アメリカは第三国定住の集団募集を２０１３年で終了する声明を発表した
字幕：２０１３年12月

▼キャンプでのダラツゥへのインタビュー

ダラツゥ：アメリカに行くことに決めたよ。学校へ行って勉強して、色々学んで経験したいんだ。いつの日かここへ戻ってくるよ。カレンのためにつくすよ。だから僕はアメリカへ行くことを決めたんだ。
通訳：学校へ行くの？
ダラツゥ：学校で勉強してたくさん経験をつんでくるよ。皆やってることだよ。僕もできるはず。アメリカへ行った友達は、皆英語がペラペラ話せるよ。僕も英語を話せるようになるよ。だから僕はアメリカに夢を託すよ。教育を受けて経験をたくさん積むために旅立つんだ。

▼家族の会話

姉：いつ出発だって？　12月13日？
母：荷物何にもまとめて無いじゃないの
ダラツゥ：ここだよ　12月6日にメーソットに行ってまず指紋をとるんだよ。
姉：指紋をとり終えたら出発よ。
ダラツゥ：アメリカへは17日に着くよ。鞄さえ買ってないじゃないの。17日にアメリカへ行くよ。
姉：17日は日曜日？それとも土曜日？
ダラツゥ：わかんないや　土曜日かな？　16日にメーソットを出発するのかな
姉：アメリカへ一日で着くはずないじゃないの！
母：お母さんはまだ健康診断を終えてないよ。足を治してから行くよ。足が治らないと行けないよ。
ダラツゥ：これ古い携帯番号だよ。これじゃ通じないよ。あ〜もうすぐ出発だよ！
母：子どもたちが皆居なくなったら、私はどうやって生きていけばいいの…。私もアメリカへ行こうかしら。
通訳：息子さんたちと住む？息子さんたちが面倒みてくれますよ。
母：わからないわよ。皆それぞれ家族があるから。家族を優先すると思うわ。
ダラツゥ：僕は違うよ。お母さんの面倒ちゃんとみるよ。
母：アメリカへ行ったら、電話さえかけてこないわよ
ダラツゥ：そんなことないよ　アメリカへ着いたら、真っ先にお母さんに電話するよ。
お母さんが最初。それから皆へ連絡するよ。僕はアメリカへ行ってお母さんを忘れるようなバカ息子じゃないよ。僕をここまで育ててくれた人だよ。どうして忘れられるの。母親への恩を忘れる人もいるけれど、僕には簡単にはできないよ。

字幕：２０１５年　アメリカ・インディアナポリス
（街の風景）
（デパートへ買い物にいくダラツゥと兄）

ダラツゥ（21歳）
兄 ジョン・マー・カー（27歳）

▼お昼のシーン

兄：これはエビ、これは豚、これは、ローストダックだよ。
　これはキューリ、スープ
ダラツゥ：僕はエビ食べるの怖いな。
兄：じゃあ、卵を食べて。

▼ダラツゥとの会話

ダラツゥ：これをタイにいるお母さんに届けてくれる？

　これがあればお母さんの顔を見ながら話せるよ。

ダラツゥ：アメリカへ来たけれどここでの日々は苦しいよ。お母さんとお父さんに会いたいよ。ここは孤独で哀しくなるよ。難民キャンプで過ごした日々、家族や友たちが恋しいよ。

アメリカへは仕事のためにきたけれど、外国に住むって楽じゃないね…。

毎晩ベットに入ると、お母さんやきょうだいに会いたくなるんだ。

難民キャンプでの生活の日々は、すっかり変わってしまったよ。

アメリカは楽しい国ではないけれど、仕事の機会を与えてくれた素晴らしい国だよ。

僕は仕事ができて幸せだよ。

お母さんとお父さんがここに、居てくれたらもっと幸せなのに…。

家族で一緒に暮らせたら、どんなに幸せなことだろう。

家族に会いたいよ、皆元気に暮らしていてほしい。僕はいつかカレンのために、役に立つことをしたいんだ。アメリカに来てから苦労が絶えないよ。

来たばかりの頃はとくに大変だったよ。僕だけじゃないと思う。きっと皆大変だよ。

皆同じ思いにぶつかっていると思う。

だから僕はこれからアメリカに、来る人たちを助けたい。

キャンプにいた頃、僕は夢と野望を抱いてた。

でもアメリカに来てから、夢は破れ希望も失ったよ。でもベストを尽くすよ。

アメリカでは、時間がないから、学校へ通えないし、英語も話せない。

今は仕事が忙しいけど、将来は学校へ行きたい。いつの日か、学校にも通って、人の役に立つ仕事をしたいんだ。

（車の中）

（車のシーン、靴の買い物）

▼中華料理店で食事

ダラツゥ：これ食べて

直井：うん。ありがとう

ダラツゥ：仕事をすれば友達ができるからそしたら幸せになるかな。

一人で寂しくて眠れないタイが恋しいよ。

アメリカには食べ物がたくさんあるよ。

難民キャンプではこんな食べ物みたこともないよ。

食べ物がたくさんあるからアメリカに居るようなもんだよ。

（マーケットで靴を買いに行くダラツゥ）

（家に戻り靴を履き替える）

（教会へ行く道）

▼車の中での会話

ダラツゥ：今日は雨だから、人が少ないね。

アメリカに着いたばかりの時は、とても大変だったよ。右も左もわからない僕は、何をしてよいのか分からなかった。とにかく英語を学んでアメリカに、来なくちゃダメなんだ

難民キャンプで使っていた言葉は全く通じないんだよ。

生活するためには英語を学ばないと。僕は2カ月学校へ行ったよ。

学校までの道のりが大変でさ、大雪で寒いし足が冷えて立てなかったよ。家に帰って服をキッチンで温めて冬服ももっていなかった。もし誰かが僕を連れ戻してくれるなら難民キャンプに戻りたかった。仕事をはじめた時も大変だったよ。

手と足が痛くて仕方がなかった。手のひらがとても痛くて耐えられなかったよ。

疲れた時 僕は祈るんだ。友達に会いにここに来るの。でもそれでも耐えられない時がある。

アメリカでは時間もないし、親しい友達もいないんだ。

皆それぞれの生活で大変なんだ。でも教会では友達を作る機会もあるよ。

教会では親しい友達が何人かいるけれど。彼らも仕事で忙しいんだ。

難民キャンプにいる家族と友達に会いたいよ。故郷に帰りたい。アメリカでは幸せには暮らせないよ。でもここには闘いがないから怖いものはないよ。ビルマは怖いけどここは安心。

働けばちゃんと食べていける。

でも仕事ができない人たちはどうやって生きていけばいいの…。

字幕：翌年 ダラツゥは兄レーダが住むサウスダコタ州へ第2次移住した

字幕：２０１７年　サウスダコタ州　アバディーン
字幕：ファースト・バプテスト教会
字幕：サウスダコタ州には現在約２５００名のカレン人が住んでいる。アバディーンには約５００名のカレン人が暮らしている。

### ▼サッカーのシーン

字幕：レーダ
字幕：レーダは２０１１年にコロラド州へ第三国定住２０１３年にサウスダコタ州へ第２次移住した

### ▼友達との会話

### ▼車にのって、帰宅途中にマクドナルドのドライブスルーへ寄る２人

マクドナルドの店員：いらっしゃいませ。何にいたしましょうか？
レーダ：ビックマックを３つ下さい
店員：何ですか？
レーダ：ビックマックを３つ下さい。ナゲットも下さい
店員：よい時間を！
（家へ帰る）

### ▼夕食

ダラツゥ：神よ、先生がアメリカへ訪ねてくれました。感謝します。今日も精神的に身体的に強くしてくれる食べ物を授けてくれて感謝します。
ダラツゥ、レーダ：ジーザス、アーメン。

### ▼夕食後、姉への電話

ダラツゥ：電話くれた？　気づかずにごめんね。
姉：お母さんと電話で話してたわ。
ダラツゥ：お母さんとも話せなかったよ。
姉：ははは。今日は、バーベキューしたんだよ。
ダラツゥ：本当？
レーダ：明日、遊びにいくから、またバーベキューしてね。お兄ちゃんにもそう伝えておいて。
姉：うん。明日もＢＢＱするわ。
ダラツゥ：食べれるよ。
字幕：姉ノレの家族も２０１４年、サウスダコタ州へ第三国定住した
字幕：サウスダコタ州　ヒューロン

### ▼ダラツゥと甥との会話

ダラツゥ：元気にしてた？
ダラツゥの兄：言葉しゃべれないんだよ。忘れちゃったんだよね。

字幕：兄（次男）トゥーセーポー
2007年にコロラド州へ第三国定住後
2011年にサウスダコタ州へ第2次移住をした

▼ダラツゥと兄との会話

ダラツゥ：教会から直行してきたんだよ。
兄：本当？　今夜、帰るの？
ダラツゥ：どうしようかな。
兄：僕の家に泊まってよ。
ダラツゥ：無理だよ。ホテルにでも泊まるかな。
字幕：トゥーセーポーとモレの夫ドゥーは、精肉工場で働いている。
姉ノレは次男を2016年11月に出産し2児の母となった。
トゥーセーポーは妻と3人の子ども、そして義母と義妹家族の12人と暮らしている。

▼家族と親戚と一緒にお昼を食べる

ダラツゥ：これ日本製だよ、いいでしょ。
兄：549ドルだね。
ダラツゥ：そうだよ　安いよね。
兄：アップルもいいよね。

▼帰宅しようとするダラツゥ、甥へ話かける

ダラツゥ：しっかり勉強するんだよ。先生の言うことよく聞いて。
友だちとも仲良くするんだよ。わかった？　おじちゃんの言ってることわかるでしょ
そしたら、車買ってあげるから。

▼ダラツゥの職場

（兄の運転した車で仕事場へ向かうダラツゥ）
字幕：ファイバーグラス工場

▼休憩時間の同僚との会話

同僚1：名前は？
ダラツゥ：ダラツゥです。
同僚1：ダラツゥ？　僕はリッジ。君の名前は？
同僚2：エバリーンだよ。
同僚1：どこのセクションで働いているの？
同僚2：スパーケットです。
同僚1：ここでどれくらい働いているの？
ダラツゥ：4カ月になります。
同僚1：君はもう一年になる？
同僚2：7カ月になるよ。
同僚1：タイから直接ここに来たの？
ダラツゥ：いいえ インディアナ州に2年間住んでいました。
同僚1：君はどこから来たの？

同僚2：ソマリアですよ。
同僚1：直接ここに来たの？
同僚2：いいえ 最初はアリゾナ。それからカンザスそれからここ。
同僚1：あなたはどこから来ましたか？
同僚3：キューバよ。
同僚1：フロリダ経由？
同僚3：キューバからフロリダ経由でここに来たわ。
ダラツゥ：おじさんはアメリカ生まれ？
同僚1：そうだよ。ネヴァダ州のラスベガス出身だよ。

▼カレンショップで買い物をするダラツゥと兄

店員：タナカ（白粉）も一緒？
ダラツゥ：ありがとうございます。

▼料理をする2人

レーダ：あ～涙が止まらない。作るのやめようかな。ちょっとしょっぱいかも。
ダラツゥ：失敗したら洒落にならないよ。

▼インタビュー

直井：ここはインディアナポリスよりも暮らしやすい？
ダラツゥ：そうだね。ここの方が暮らし易いよ。ここの方が仕事がたくさんあるよ。友達もたくさんいるし。サッカーする時間もあるよ。インディアナポリスにも友達はいたけれど多くはいなかった。
直井：ここはカレン人がたくさん住んでいるね。
レーダ：そうだよ。カレン人がたくさん住んでいるよ。最初は10～20人程しかいなかったんだよ。でもどんどん増えていったよ。皆仕事をするためにここへ来たんだ。少しずつお互いを知るように、なっていったよ。他の州に住む友人らに連絡して、仕事を紹介していったよ。それで皆ここへ集まってきたんだ。ここは給料がよいからね。それでどんどんカレン人が増えていったんだ。タイやビルマに帰っても、将来何をしたらよいか分からない。タイやビルマでの生活は、想像できない。でもアメリカにいれば、将来の人生設計がたてられる。新しい人生を作りだせるんだ。仕事をして稼いで将来を切り拓ける。僕にとってはアメリカが、将来が開ける所だよ。タイやビルマに帰っても、何をしたらよいのか分からない。タイ語を学ぶのも大変だよ。でも英語だったら、どんどん上達できる。アメリカの方が生活しやすいよ。どうしたらよいか分からないけど、チャレンジしてみるよ。

## 『OUR LIFE エピローグ　故郷』

（タイ・ビルマ国境）
字幕：２０２１年２月１日ビルマ国軍によるクーデターが発生
国境は再び閉ざされた

**▼ダラツゥの母へダラツゥからのプレゼントを届ける**

通訳：ダラツゥからお母さんへのプレゼントですよ
母：ありがとうね。嬉しいけど、どうやって使うのかい？　お金を送ってくれれば食べ物が買えるのに。これは観るだけじゃないの
どうやってタッチするの？　使ったことがないからわからないよ。
通訳：ダラツゥの写真が見れるよ
母：あの子もそう言ってたわ
通訳：ダラツゥが言ってたの？
母：そうよ 今日電話で言ってたわ。お母さんの義娘が届けるって
通訳：そんなこと言ってたの？
母：そう言ってたわ。でもどうやって使うのかしらね。使い方教えてね。

---

（iPad の内容）
ダラツゥ：この歌を友へ捧げます
ダラツゥの歌：アメリカでは僕らは、会う時間さえもないけれど、君たちが無事に働いていることを祈っているよ。僕の気持ちを送るよ。一緒に気持ちを分かちあってほしい。
僕らの祖国を守ろう。
僕らを支えてくれてた人は、もう去ってしまったよ
僕たちの夢は終わった。
学校へ通っていた頃は僕たちには夢があったね
友よ、あの頃が懐かしいよ。君に会いたい
夢を叶えるまで一緒に頑張ろう
僕らは戦いのために離れ離れになったよ
友よ　君に会いたい
僕らが学校へ通っていた頃、よく遊んだよね
僕のこと覚えている？
友よ　僕たちが間違いを犯した時――
僕らは先生によく叱られたよね
僕らは先生を責めたけど、僕らを愛していたからなんだね
僕らは今、外国にいて離れ離れ
あの頃僕らはやんちゃだったね
学校はもうすぐ閉鎖される
僕は君にまた会いたい
友よ　僕のことまだ覚えているかい？

僕らはまだ何も知らない
夢は終わったんだ
希望がなくなったよ
友よ　僕はあの頃まだ何も知らなかった
僕らの学校はもうすぐ閉まるんだ
故郷に帰る時がきたんだね
武器を持って…
僕らは離れ離れだけどいつも君を想っているよ
友よ　僕らのことを忘れないでいて……
（映像を観ながら涙を抑えきれず、うずくまる母の後ろ姿）

（カレン州の映像）
字幕：ビルマ国内カレン州
字幕：2012年ダラツゥ撮影

字幕：本作をダラツゥの母ブレ（享年62）に捧げます

（クレジット）
制作指導
赤塚順　速水洋子　野中章弘　吉田敏浩

助成
トヨタ財団研究助成プログラム
真如育英会・真如苑　第3回若手難民研究者奨励賞
日本学術振興会科学研究費
京都大学東南アジア地域研究研究所共同利用・共同研究拠点
「東南アジア研究の国際共同研究拠点」（IPCR）研究費

協力
アジアプレス・インターナショナル
京都大学東南アジア地域研究研究所
京都大学大学院アジア・アフリカ地域研究研究科
国際ファッション専門職大学
シャンティ国際ボランティア会
小野豪大　菊池礼乃　中原亜紀
三宅隆史　山本英里　渡辺有理子
ミャンマー（ビルマ）難民事業事務所現地スタッフの皆さん
池田一人　神谷俊郎　久保忠行　田崎郁子
ネイサン　バデノック

宣伝協力
糸賀猛　盆子原明美

監督・撮影・編集・製作
直井里予

# 参考文献

〈邦文献〉


アーレント，ハンナ．1994．『人間の条件』志水速雄（訳），筑摩書房．（原著 Arendt, H. 1958. *The Human Condition*, Chicago: University of Chicago Press.）

足立研幾．2019．「ミャンマーにおけるセキュリティ・ガヴァナンスの変容」立命館国際研究，31, 4.

五十嵐誠．2015．「少数民族と国内和平」工藤年博（編）『ポスト軍政のミャンマー――改革の実像』アジア経済研究所，157-182.

池田一人．2008．「ビルマにおけるカレンの民族意識と民族運動の形成」博士論文．東京大学.

石川えり．2011．「日本における難民の第三国定住に関する論点（特集 第三国定住）」．研究ジャーナル＝*Refugee studies journal*，1，89-100.

宇田有三．2010．『閉ざされた国ビルマ――カレン民族闘争と民主化闘争の現場をあるく』高文社

内田勝巳．2019．「タイのミャンマー移民・難民に関する中間調査報告――国境の町に住むミャンマー人の現状」摂南経済研究，9（1・2），75-91.

大川真由子．2010．『帰還移民の人類学――アフリカ系オマーン人のエスニック・アイデンティティ』明石書店.

大津留（北川）智恵子．2016．『アメリカが生む／受け入れる難民』関西大学出版部.

――――．2020．「アメリカと難民」『特集：難民研究の意義と展望』難民研究ジャーナル，10，31-45.

大野徹．1969．「ビルマにおけるカレン民族の独立闘争史（その１）」東南アジア研究，7(3)，363-390.

大森康宏．1984．「民族誌映画の撮影方法に関する試論」国立民族学博物館研究報告，9(2)，421-457.

梶村美紀．2015．「〈論考〉定住ビルマ人コミュニティの将来――「多文化共生」の観点から」アジア太平洋研究センター年報，12，18-25.

川口恵子．2001．「女性の声の政治学――トリン・T・ミンハ映画作品における差異と移動の戦略――“There is no real me to return to.”」アメリカ研究，35，115-133.

川瀬慈．2015．「序（〈特集〉人類学と映像実践の新たな時代に向けて）文化人類学，80(1)，1-5.

北川成史．2021．『ミャンマー政変――クーデターの深層を探る』ちくま新書.

工藤年博．2012．「2010年ミャンマー総選挙結果を読む」工藤年博（編）『ミャンマー政治の実像――軍政23年の功罪と新政権のゆくえ』アジア経済研究所，41-70.

久保忠行．2009．「タイの難民政策――ビルマ（ミャンマー）難民への対応から」年報タイ研究，9，79-97．

――――．2013．「難民の受け入れと多文化共生――第三国定住カレン難民をめぐって（特集 社会統合：Integration）」．難民研究ジャーナル＝*Refugee Studies Journal*，3，44-58．

――――．2014a．『難民の人類学――カレンニー難民キャンプの移動と定住』清水弘文堂書房．

――――．2014b．「支援のフィールドにおける人類学――カレンニー難民の移動と定住」国立民族学博物館研究報告，38(3)，337-375．

小泉康一．2010．「日本におけるインドシナ難民定住制度――強いられた難民受け入れと，その後の意味」大東文化大学紀要 社会科学，48，37-104．

――――．2014．「東京・新宿のビルマ人難民認定申請者数（上）」大東文化大学紀要 社会科学，52，276-254．

小泉康一（編著）．2019．『「難民」をどう捉えるか』慶應義塾大学出版会．

佐々木研．2024．「軍政と多様な武装勢力の関係――ミャンマーの独裁政治」石井貫太郎（編著）『独裁主義の国際比較』ミネルヴァ書房．

佐藤真．1997．『日常という名の鏡――ドキュメンタリー映画の界隈』凱風社．

――――．2001a．『ドキュメンタリー映画の地平（上）』凱風社．

――――．2001b．『ドキュメンタリー映画の地平（下）』凱風社．

佐藤麻理絵．2018．『現代中東の難民とその生存基盤――難民ホスト国ヨルダンの都市・イスラーム・NGO』ナカニシヤ書店．

シャンティ国際ボランティア会（シャンティ）．2021a．『SHANTI』2021年春号（Vol. 309）．シャンティ国際ボランティア会．

――――．2021b．「笹川平和財団調査最終報告書――タイ国ターク県および隣接する周辺県の一部地域におけるミャンマー避難民の支援ニーズ調査」シャンティ国際ボランティア会．

――――．2023．「ミャンマー（ビルマ）難民キャンプにおけるコミュニティ図書館事業プロジェクト・ヒストリー」教育と開発 リサーチペーパー，No. 17，シャンティ国際ボランティア会．

瀬戸徐映里奈・野上恵美．2014．「就労現場におけるベトナム難民の受け入れと町工場が果たした役割：兵庫県姫路市高木・神戸市長田を事例に」（若手難民研究者奨励賞成果論文）．難民研究ジャーナル＝*Refugee Studies Journal*, 4，106-121．

徐京植．1994．『「民族」を読む――20世紀のアポリア』日本エディタースクール出版部．

ソンタグ，スーザン．2003．『他者の苦痛へのまなざし』北條文緒（訳），みすず書房（原著 Sontag, S. 2003. *REGARDING THE PAIN OF OTHERS*, New York: Farrar, Straus and Giroux）．

竹内正右．2004『ラオスは戦場だった』めこん．

田中茂範・深谷昌弘．1998．『〈意味づけ〉論の展開——情況編成・コトバ・会話』紀伊國屋書店．

田中宏明．2001．「平和構築の方法——理論的枠組み」宮崎公立大学人文学部紀要，8(1)，133-144．

田野大輔．1999．「メディアの帝国——ナチズムの文化政策と政治美学」京都社会学年報：KJS，7，63-80．

津田浩司．2011．『「華人性」の民族誌——体制転換期インドネシアの地方都市のフィールドから』世界思想社．

津田正太郎．2016．『ナショナリズムとマスメディア：連帯と排除の相克』勁草書房．

土佐桂子．2012．「ミャンマー軍政下の宗教 サンガ政策と新しい仏教の動き」工藤年博（編）『ミャンマー政治の実像——軍政23年の功罪と新政権のゆくえ』アジア経済研究所，201-233．

飛内悠子．2019．『未来に帰る——内戦後の「スーダン」を生きるクク人の移住と故郷』風響社．

直井里予．2010．『アンナの道—— HIV とともにタイに生きる』岩波書店．

————．2019a．「映像平和学への挑戦——カレン難民の越境と共生を考える」金敬黙（編著）『越境する平和学——アジアにおける共生と和解』法律文化社，174-191．

————．2019b．『病縁の映像地域研究——タイ北部の HIV 陽性者をめぐる共振のドキュメンタリー』京都大学学術出版会．

中西嘉宏．2009．『軍政ビルマの権力構造——ネー・ウィン体制下の国家と軍隊 1962-1988』京都大学学術出版会．

————．2020．『ロヒンギャ危機——「民族浄化」の真相』中公新書．

————．2021．「自由とソーシャルメディアがもたらすミャンマー民主化の停滞」見市建・茅根由佳（編著）『ソーシャルメディア時代の東南アジア政治』明石書店．

中原亜紀・三宅隆史・渡辺有里子．2011．「ミャンマー（ビルマ）難民キャンプ——母語を大切にした図書館活動」シャンティ国際ボランティア会（編）『図書館は，国境をこえる 国際協力 NGO30年の軌跡』教育史料出版会，229-258．

奈倉京子．2014．「中国系移民の複合的な「ホーム」——あるミャンマー帰国華僑女性のライフヒストリーを事例として」地域研究，14(2)，199-218．

速水洋子．2009．『差異とつながりの民族誌——北タイ山地カレン社会の民族とジェンダー』世界思想社．

————．2015．「仏塔建立と聖者のカリスマ——タイ・ミャンマー国境域における宗教運動」東南アジア研究，53(1)，68-99．

日影尚之．2016．「Alfonso Cuarón の Children of Men（2006）に見る難民の表象——グローバリゼーションとポスト国民国家への希望」麗澤レヴュー，22，39-49．

片雪蘭．2020．『不確実な世界に生きる難民——北インド・ダラムサラにおけるチベット難民の仲間関係と生計戦略の民族誌』大阪大学出版会．

松岡佳奈子. 2011.「タイ・メラキャンプにおけるビルマ出身難民の現状と第三国定住制度に関する認識調査（特集 第三国定住）」難民研究ジャーナル＝*Refugee studies journal*, 1, 77-88.

三浦純子. 2014.「移動する人々と第三国定住――難民の行き先が日本になるとき」難民研究ジャーナル =*Refugee studies journal*／難民研究フォーラム（編）, 4, 131-141.

ミンハ, トリン, T. 1996.『月が赤く満ちる時――ジェンダー・表象・文化の政治学』小林富久子（訳）, みすず書房.（原著 Minh-ha, Trinh T. 1991. *When the Moon Waxes Red : Representation, Gendera and Cultural Politics*, New York and London: Routedge.）

――――. 2014.『ここのなかの何処かへ――移住・難民・境界的出来事』小林富久子（訳）, 平凡社（原著 Minh-ha, Trinh T. 2011. *Elsewhere, within here: immigration, refugeeism and the boundary event*, New York; Abingdon, Oxon: Routledge）.

村橋勲. 2021.『南スーダンの独立・内戦・難民――希望と絶望のあいだ』昭和堂.

山岡健次郎. 2019.『難民との友情――難民保護という規範を問い直す』明石書店.

湯田みのり. 2022「ミャンマー難民のアメリカ合衆国への第三国定住――サンディエゴのカレン難民を例に」駒澤地理, 58, 75-94.

渡辺有理子. 2006.『図書館への道――ビルマ難民キャンプでの1095日』鈴木出版.

渡辺りえ. 2019.「地域の力を信じる・活かす――第三国定住事業：難民の地方定住状況と今後の展望」地方自治職員研修, 52(12), 43-45.

〈欧文献〉

Alexakis, L. C., Athanasiou, M.,& Konstantinou, A. 2019. Refugee Camp Health Services Utilisation by Non-Camp Residents as an Indicator Of Unaddressed Health Needs of Surrounding Populations: A Perspective from Mae La Refugee Camp in Thailand During 2006 And 2007. *The Pan African Medical Journal*, 32.

Bjorklund, P. J. 2021. *Karen Refugees in Burma and Britain : History and Identity* (Doctoral dissertation, University of Manchester).

Gilhooly, D.,& Lee, E. 2017. Rethinking Urban Refugee Resettlement: A Case Study of One Karen Community in Rural Georgia, USA. *International Migration*, 55(6), 37-55.

Gravers, M. 2007. *Exploring Ethnic Diversity in Burma.* NIAS press.

Horstmann, A. 2011a. Sacred Networks and Struggles among the Karen Baptists across the Thailand-Burma Border. *Moussons. Recherche en sciences humaines sur l'Asie du Sud-Est*, 17, 85-104.

――――. 2011b. Ethical dilemmas and identifications of faith-based humanitarian organizations in the Karen refugee crisis. *Journal of Refugee Studies*, 24(3), 513-532.

Lee, S. K. 2014. Security, Economy and the Modes of Refugees' Livelihood Pursuit: Fo-

cus on Karen Refugees in Thailand. *Asian Studies Review,* 38(3), 461-479.

MacDougall, D. 1997. The Visual in Anthropology. *Rethinking Visual Anthropology,* 276-295.

———. 2005. *The Corporeal Image : Film, Ethnography, and the Senses.* Princeton University Press.

MacLachlan, H. 2006. The don dance: An expression of Karen nationalism. Voices: *The Journal of New York Folklore,* 32 (3-4).

Malkki, L. H. 1996. Speechless Emissaries: Refugees, Humanitarianism, and Dehistoricization. *Cultural Anthropology,* 11(3), 377-404.

Marlowe, J. 2020. Refugee Resettlement, Social Media and the Social Organization of Difference. *Global Networks,* 20(2), 274-291.

Minh-Ha, T. T. 1993. The totalizing quest of meaning. *Theorizing documentary,* 1, 90-107.

Nishimori, Y. 2020. The Reality and Dilemmas of Voluntary Repatriation: A Case Study of the Refugees in the Myanmar-Thailand Border Areas. *Journal of Human Security,* 5(2), 123-141.

Oh, S. A. 2011. Education in refugee camps in Thailand: policy, practice and paucity. *Paper commissioned for the Education for All Global Monitoring Report.*

Oh, S. A. & Van der Stouwe, M. 2008. Education, Diversity, And Inclusion In Burmese Refugee Camps in Thailand. *Comparative Education Review,* 52(4), 589-617.

Phan, Z. 2009. *Little Daughter : A Memoir of Survival in Burma and the West.* Simon and Schuster (London).

Perkins, C. 2019. *Rethinking Repatriation : Karen Refugees on the Thai-Myanmar Border.* Southern Methodist University Dissertation.

Renov, M. (Ed.). 1993. *Theorizing documentary.* Routledge.

Smith, Y. J. 2018. Traditional Dance as a Vehicle for Identity Construction and Social Engagement after Forced Migration. *Societies,* 8(3), 67.

Shannon, P. J., Vinson, G. A., Wieling, E., Cook, T., & Letts, J. 2015. Torture, War Trauma, and Mental Health Symptoms of Newly Arrived Karen Refugees. *Journal of Loss and Trauma,* 20(6), 577-590.

Souris, B. 2020. *Transnational ethnic kin communities and rebel group's behaviour in a civil conflict : The case of the Karen National Union rebellion in Myanmar* (Doctoral dissertation, UCL (University College London)).

South, A. 2008. *Ethnic Politics in Burma : States of Conflict.* Routledge.

Stuart, Robinson, P. 2019. Refugees on Film: Assessing the Political Strengths and Weaknesses of the Documentary Style. Alphaville: *Journal of Film and Screen Media,* 18, 107-122.

Thansrithong, B., & Buadaeng, K. 2018. Refugee Camps on the Thailand-Myanmar Border: Potential Places for Expanding Connections among Karen Baptists. *ASR Chiang Mai University Journal of Social Sciences and Humanities,* 4(2), 89-109.

U. S. State Department, Bureau of Population, Refugees, and Migration, Refugee Processing Center. 2023a. *Refugee Admissions Report.* Updated June 5, 2023.

———. 2023b. *Refugee Arrivals by State and Nationality.* Updated June 5, 2023.

〈ウェブサイト〉

アジア福祉教育財団難民事業本部（RHQ）．2006．タイにおけるミャンマー難民の状況・支援活動現地調査報告」平成18（2006）年４月 http://www.rhq.gr.jp/japanese/hotnews/data/pdf/65.pdf（2021年11月５日最終アクセス）．

アジア福祉教育財団難民事業本部（RHQ）．2016「日本の難民の受入れ」http://www.rhq.gr.jp/japanese/know/ukeire.htm（2021年11月５日最終アクセス）．

外務省．2020．「令和２年第三国定住の概要」https://www.mofa.go.jp/mofaj/files/000343330.pdf（2022年２月22日最終アクセス）．

政治犯支援協会（AAAP）https://aappb.org/（2022年８月15日最終アクセス）．

The United Nations High Commissioner for Refugees（UNHCR）. 2004. *Handbook for Repatriation and Reintegration Activities*（http://www.unhcr.org/411786694.pdf, 2021年11月５日最終アクセス）．

———.（UNHCR）. 2012a. *Framework for Voluntary Repatriation : Refugees from Myanmar in Thailand.* October 1（http://www.data.unhcr.org/thailand/download.php?id=12/, 2021年11月５日最終アクセス）．

———. 2012b. *Framework for Voluntary Repatriation : Refugees from Myanmar in Thailand*（A revision of the October 2012 UNHCR Thailand Discussion Document）." May 2014（https://reliefweb.int/report/thailand/unhcr-framework-voluntary-repatriation-refugees-myanmar-thailand-may-2014, 2021年11月５日最終アクセス）．

The United Nations High Commissioner for Refugees（UNHCR）. 2016. 'Connecting refugees: how internet and mobile connectivity can improve refugee well-being and transform humanitarian action', United Nations High Commissioner For Refugees Report（http://www.unhcr.org/publications/operations/5770d43c4/connecting-refugees.html, 2021年11月５日最終アクセス）．

———. 2017. *Strategic Roadmap for Voluntary Repatriation : Refugees from Myanmar in Thailand, 2015-2017. Update January 2017.* January 2017（https://data.unhcr.org/thailand/download.php?id=1544, 2021年11月５日最終アクセス）．

———. 2018. *Myanmar Refugees Return Home from Thailand with UNHCR Support.* May 8, 2018（http://www.unhcr.org/news/press/2018/5/5af157e14/myanmar-

refugees-return-home-thailandunhcr-support.html, 2021年11月5日最終アクセス).
――――. 2018. *RTG/MOI-UNHCR Verified Refugee Population.* June 30 (http://data.unhcr.org/thailand/regional.php, 2021年11月5日最終アクセス).
――――. 2024. *Global Trends 2023.* United Nations High Commissioner For Refugees Report (https://www.unhcr.org/jp/global_trends_2023, 2024年6月21日最終アクセス).
The Border Consortium (TBC). 2018. *Refugee Camp Populations: September 2018.* The Border Consortium. (https://www.theborderconsortium.org., 2018年11月24日最終アクセス).
――――. 2020. *Mae Ra Moe Camp* (https://www.theborderconsortium.org/where-we-work/camps-in-thailand/mae-ra-ma-luang/, 2020年11月12日最終アクセス).
――――. 2022. *Annual Report 2021.* The Border Consortium (https://www.theborderconsortium.org/wp-content/uploads/2022/07/Annual-report-2021_ENG-.pdf, 2024年9月24日最終アクセス).
――――. 2023. *Refugee Camp Populations.* The Border Consortium (https://www.theborderconsortium.org., 2023年12月18日最終アクセス).
――――. 2024. *Refugee Camp Populations: 2024.* The Border Consortium (https://www.theborderconsortium.org., 2024年9月24日最終アクセス).
Zin, M. 2002. Burmese Pop Music: Identity in Transition. *The Irrawaddy,* September (https://www2.irrawaddy.com/article.php?art_id=2710, 2021年10月13日最終アクセス).

### 〈引用映画（本文中のみ）〉

アナス・オステルガード．2008．『ビルマVJ――消された革命』（原題：Burma VJ: Reporting from a Closed Country）デンマーク，製作：リーゼ・レンゼー＝ミュラー，配給：東風．
直井里予．2010．『OUR LIFE――僕らの難民キャンプの日々』日本＝タイ，製作・配給：アジアプレス・インターナショナル，直井里予．
――――．2024．『OUR LIFE 2024――第一章：僕らの難民キャンプの日々／第二章：夢の終わり／エピローグ：故郷』日本＝タイ，製作：直井里予．
ファジリ，ハサン．2019．『ミッドナイト・トラベラー』（原題：Midnight Traveler）アメリカ＝カタール＝カナダ＝イギリス，製作：エミリー・マハダヴィアン，スー・キム
メカス，ジョナス．1973．『リトアニアへの旅の追憶』（原題：*Reminiscences of a Journey to Lithuania*）イギリス＝西ドイツ，製作：メカス，ジョナス．
ミンハ，T. M. 1982．『ルアッサンブラージュ』（原題：*Reassemblage*）アメリカ，製作：ブールディエ，J. P& ミンハ，T. M.
――――．1989．『姓はヴェト，名はナム』（原題：*Surname Viet Given Name Nam*）アメリカ，製作：ミンハ，T. M.

〈著者紹介〉

直井里予（なおい りよ）

1970年生まれ．京都大学大学院アジア・アフリカ地域研究研究科博士後期課程修了，博士（地域研究）．国際ファッション専門職大学国際ファッション学部大阪ファッションクリエイション・ビジネス学科・専任講師．京都大学東南アジア地域研究研究所連携講師，シャンティ国際ボランティア会理事．

1998年からアジアプレス・インターナショナルに参加し，『昨日 今日 そして明日へ…』（2005年，山形国際ドキュメンタリー映画祭アジア千波万波正式招待作品），『アンナの道 私からあなたへ…』（2009年，釜山国際映画祭正式招待作品），『OUR LIFE 僕らの難民キャンプの日々』（2010年，UNHCR 難民映画祭正式招待作品）などを制作．

著書に『病縁の映像地域研究——タイ北部の HIV 陽性者をめぐる共振のドキュメンタリー』（京都大学学術出版会，2019年），分担執筆に『越境する平和学——アジアにおける共生と和解』（金敬黙編著，法律文化社，2019年）など．

うつる人びと
——映像で語るカレン難民の少年との日々——

2025年3月20日 初版第1刷発行

＊定価はカバーに表示してあります

著者 直井里予©
発行者 萩原淳平
印刷者 江戸孝典

発行所 株式会社 晃洋書房
〒615-0026 京都市右京区西院北矢掛町7番地
電話 075(312)0788番(代)
振替口座 01040-6-32280

装丁 安藤紫野
印刷・製本 共同印刷工業(株)

ISBN978-4-7710-3930-8